Die Liebe ist das
Allerwichtigste

KATJA KAISER

Die Liebe ist das Allerwichtigste

Die Kunst ein Paar zu sein
und zu bleiben

THESEUS VERLAG

© Theseus Verlag
in der J. Kamphausen Verlag & Distribution GmbH, Bielefeld 2009

Layout/Satz: Ingeburg Zoschke, Berlin
Lektorat: Susanne Klein
Umschlaggestaltung: Morian & Bayer-Eynck, Coesfeld,
www.mbedesign.de
Umschlagfoto: © Jafaris Mustafa / www.fotolia.de
Druck & Verarbeitung: Westermann Druck Zwickau GmbH

www.weltinnenraum.de

1. Auflage 2009

Bibliografische Information der Deutschen Nationalbibliothek
Die Deutsche Nationalbibliothek verzeichnet diese Publikation in der
Deutschen Nationalbibliografie; detaillierte bibliografische
Daten sind im Internet über http://dnb.d-nb.de abrufbar.

ISBN 978-3-89901-216-3

Inhalt

Teil 3: Wissen

Teil 4: Philosophieren, erkennen und feiern

Der Liebe gewidmet

Von der Liebe

Wenn euch die Liebe ruft, so folgt ihr,
mögen auch die Wege schwer und steil sein, die sie geht.
Und wenn sie euch mit ihren Fittichen umhüllt,
ergebt euch ihr,
mag auch das Schwert, das sich im spitzen Federkleid verbirgt,
verwunden.

Und wenn sie spricht, so glaubt ihr gern, mag ihre Stimme eure
schönen Träume auch zerschmettern, wie der Nordwind eure
Gärten wüst zurücklässt.

Denn wie die Liebe euch bekrönt, so wird sie euch auch
kreuzigen, und wie sie eurem Wachstum dient, beschneidet sie
auch eure Wucherung.
Und wie sie sich hinaufbegibt zu eurer Höhe und die kleinsten
Zweiglein, die dort in der Sonne zittern, streichelt, steigt sie auch
hinab zu euren Wurzeln, um zu lockern, was sich allzu fest an
diese Erde klammert.

Wie Weizengarben sammelt sie euch ein.

Sie drischt euch, um euch nackt und bloß zu machen.

Sie wirft euch in ihr Sieb, damit ihr eure Spreu verliert.

Sie schleift euch ab, bis ihr von reiner Weiße seid.

Sie knetet euch, bis ihr geschmeidig und gefügig seid.

Und dann vertraut sie euch, geläutert, ihren heiligen Feuern an,

damit ihr heiliges, geweihtes Brot für Gottes heiliges Festmahl

werdet.

All dies tut euch die Liebe an, damit ihr das Geheimnis eures

Herzens kennen lernt, und so, in dieser Kenntnis, Teil des

Großen Lebensherzens werdet.

Doch wenn ihr nur aus Angst den Frieden und die Lust der Liebe

sucht, so wäre es euch besser, wenn ihr eure Blöße decktet und

die Tenne, wo die Liebe drischt, verließet,

um in eine Welt, die keine Zeit der Reife und der Ernte kennt,

zu gehen.

Dort werdet ihr zwar lachen, doch kein volles Lachen, und ihr

werdet weinen, aber nicht bis zum Versiegen eurer Tränen.

Die Liebe gibt nichts als sich selbst,

und nimmt nichts außer von sich selbst.

Die Liebe nimmt nicht in Besitz und lässt sich nicht besitzen.

Denn Liebe ist der Liebe stets genug.

KHALIL GIBRAN

Vorwort

C. G. Jung beschrieb partnerschaftliche Liebe in vier Stufen. Die erste ist die archaische Stufe des Verliebtseins. Darauf folgt die Stufe, wo wir erkennen, was wir auf das Gegenüber projizieren. Die Projektion gilt es nun zurückzunehmen. Auf der dritten Stufe geht es um einen optimalen »Nähe-Distanz-Prozess«, der beiden Partnern eine eigene Entwicklung ermöglicht. Die vierte Stufe ist, bedingungslos zu lieben.

Dieser Rahmen ist eine vorzügliche Orientierungshilfe. Sie ermöglicht, gemeinsam in eine Richtung zu schauen, in Toleranz und Respekt gegenüber der Verschiedenheit, das eine feiernd – die Liebe, die ist.

Es sind Erwartungen und Ängste, welche das Miteinander in einer Partnerschaft erschweren. Werden diese von jedem im Einzelnen angenommen und erkannt, kann sich die Liebe vertiefen und erweitern. Dies ist vergleichbar mit dem Schleifprozess eines Diamanten.

Eine Partnerschaft ist in den heutigen Zeiten in diesem Verständnis eine große Herausforderung und zugleich sehr kostbar. Gibt es etwas Schöneres auf dieser Erde, als in tiefer Liebe und Freude ein Leben in Partnerschaft zu teilen?

In den zehn Jahren, in denen ich Katja Kaiser nun kenne, weiß ich, dass sie diese Sichtweise sowohl privat als auch beruflich immer im Auge hat und in ihrem Herzen trägt. Deshalb wünsche ich ihrem Buch nun alles Gute. Möge es die Herzen ihrer Leser berühren und deren Liebe bereichern.

Annette Kaiser

Einführung

In meiner therapeutischen Arbeit und in meinem privaten Leben spielt die Liebe natürlich eine zentrale Rolle. Um Antworten auf dringliche Fragen im Alltagsgeschehen oder in Zeiten von Auseinandersetzungen oder Krisen zu finden, die dem einzelnen Menschen, dem Partner und der Partnerschaft selbst zugute kommen, setze ich zumeist sehr lösungsorientiert an. Leitend für das Finden einer Antwort ist also für mich die Frage: Was braucht es jetzt, damit sich eine Lösung findet, die für mich, den Partner und für die Beziehung das größtmögliche Wachstum bringt? Wir wissen oder ahnen es zumeist doch alle, dass die Liebe zwischen uns als Paar das Allerwichtigste ist, und wir wissen oder ahnen es auch alle, dass auf dieser Basis ohnehin schon der Samen für eine Lösung oder – anders ausgedrückt – für die Entwicklung oder das Wachstum enthalten ist. Das heißt: Ist die Liebe zwischen dem Paar vorhanden, dann liegt darin auch schon die Lösung – als Samen.

Die Antworten auf die Fragen, die in einer Liebesbeziehung, und damit in einer Partnerschaft, auftauchen können, finden Sie als Handlungsansätze, die Sie eigentlich sofort und ohne große Umstände umsetzen können, in diesem Buch. Meiner Erfahrung nach braucht es in einer Partnerschaft, da sie auf der Liebe basiert, nur einige Kurskorrekturen, die unserem Geist so fremd nicht sind. Deshalb fällt es auch meist nicht schwer, sie zu begreifen und sie dann in unser Leben zu integrieren. So vermittle ich Ihnen also zahlreiche Möglichkeiten zur liebevollen Bereicherung Ihrer Partnerschaft – in Form von

Haltungen, Tipps, Kontemplationen und Meditationen – sowie
ein paar gedankliche Impulse über die Stufen der Liebe, die
Selbsterkenntnis in der Liebe und die allgegenwärtige Liebe in
uns. Diese Impulse haben zahlreichen Klientinnen und Klienten in ihren Beziehungen im Laufe der Jahre in guten und in
schlechten Zeiten geholfen, ihre Partnerschaft lebendig und
leicht zu halten.

Vielleicht eröffnet sich Ihnen durch die hier vorgestellten
Sichtweisen ein ganz neuer Horizont, sodass Sie wieder zuver-
sichtlich und fröhlich in Bezug auf die Liebe und in Ihrer
Partnerschaft werden und feststellen, dass Ihre vermeintlichen
Sackgassen gar keine sind und Sie etwa die Eintönigkeit in
einer langjährigen Beziehung schneller beheben können, als
Sie dachten. Lassen Sie sich zu einem Perspektivenwechsel anregen, damit es jetzt, da es für Sie vielleicht schwer sein mag,
wieder leicht wird.

Teil 1

◦◦◦

Säen, pflegen und ernten

Ein Mann begann, den Boden umzugraben.

Da kam ein Narr und schrie: »Du ruinierst die Erde!«

»Du Dummkopf!«, gab der Mann zurück.

»Verschwinde! Kannst du Zerstörung von Kultur nicht
    unterscheiden?

Wie kann auf diesem Grund je ein Rosengarten oder ein
    Weizenfeld entstehen,

bevor er nicht gebrochen und entstellt wird?

Wie könnte Acker er, Feldfrucht und Ernte werden,

bevor er nicht vollends zu Schanden wird?

Sieh dir den Schreiner an, den Schmied oder den
    Schlachter –

auch da gilt: Willst du Erneuerung, zerstöre!

Gibst du das Korn nicht preis dem Werk des Mahlsteins,

wie wirst du jemals Brot genießen können?«

Rumi

Samen säen und Früchte ernten

Der erste Schritt ist wertlos,
wenn der Weg nicht zu Ende gegangen wird.

ADI SHANKARA

Frisch verliebt, präsentiert sich uns das Leben von seiner leichten Seite. Reibungen scheint es anfangs kaum zu geben, oder wir sehen großzügig über manches hinweg. Berauschendes Glück zu Beginn einer neuen Beziehung führt dazu, dass wir uns bemühen, uns von unserer Schokoladenseite zu präsentieren. Wir sind aufmerksam, liebevoll, zuvorkommend, tolerant und rücksichtsvoll und voller Bewunderung für den anderen. Wir versuchen, unserem Liebsten oder unserer Liebsten alle Wünsche von den Augen abzulesen, und lassen uns von dem, was wir in ihn oder in sie hineinlegen, faszinieren, begeistern und beglücken. Da dies ein wechselseitiger Prozess ist, geschieht dasselbe bei unserem Gegenüber. Wir fühlen uns glücklich und vom Leben verwöhnt: Endlich ist jemand da, der uns begehrt und uns auf Händen trägt. Die Gefühle füreinander sind meist in erster Linie sehr positiv, und manchmal erkennen wir uns selbst nicht wieder, weil wir plötzlich treu sind, unsere eigenen Bedürfnisse zurückstellen und mit dem anderen teilen können, was wir vorher nur für uns haben wollten. Vielleicht passiert es uns auch, dass wir es kaum abwarten können, von der Arbeit zum anderen nach Hause zu kommen, anstatt wie früher gerne und häufig Überstunden zu machen.

Da aber auch die Zeit für Verliebte nicht stehen bleibt, wandelt sich der Zustand des Verliebtseins früher oder später, und wir finden uns wieder in einer Paarbeziehung, die mit all ihren Herausforderungen unsere Aufmerksamkeit fordert. Dann ist es besonders die Bewältigung des Alltags, bei der wir uns Tag für

Tag mit Fragen auseinandersetzen müssen. Es geht dann darum, wer die Kinder zur Schule bringt, wer abwäscht und wer den Müll runterträgt oder wer das Bad putzt und wer die Blumen auf dem Balkon gießt oder den Rasen mäht. Darüber hinaus müssen wir gemeinsam auch kritische Lebensereignisse meistern, sowohl vorhersehbare, wie z. B. den Tod der kranken Schwiegermutter oder die Lehrstellensuche für unseren Sohn, als auch unvorhersehbare, wie den plötzlichen Tod des Bruders oder den Verlust des Arbeitsplatzes.

Dieser Prozess von der Verliebtheit hinein in die Alltäglichkeit der Paarbeziehung ist meist ein allmählicher. Schleichend also werden wir mit den Anforderungen des Lebens konfrontiert, die uns wieder zurückwerfen auf die eigenen Unzulänglichkeiten und – neu hinzukommend – auf die Unzulänglichkeiten des anderen. Früher oder später werden wir dann feststellen, dass die anfänglichen Quellen der Freude langsam versiegen und wir allmählich unsere Großzügigkeit dem Partner gegenüber verlieren, über etwas hinwegzusehen. Wir fangen an zu kritisieren, zu fordern und zu wollen, und wir werden ungeduldiger, intoleranter und launischer, wenn der Partner nicht wie zu Beginn der Beziehung sofort und ohne dass wir ihn fragen müssen, überall zur Seite steht. Es entstehen Reibungen, und unsere Gegensätzlichkeiten werden manifester, weil auch unser Partner wieder in den Fängen des Alltags ist und auch seine anfängliche Toleranz, Leichtigkeit, Geduld und Unbekümmertheit schwindet. Ernüchtert stellen wir jetzt fest, dass wir auch in dieser Partnerschaft nichts so einfach geschenkt bekommen. Und wieder einmal erleben wir, dass Liebe und Leid zusammengehören. Denn es ist die Liebe selbst, die uns drischt, uns schleift, uns knetet, damit wir das Geheimnis unseres Herzens kennenlernen. Und es ist die Liebe selbst, die von uns gepflegt werden will. Eine solche Sichtweise kann uns dazu verhelfen, dass wir die Beziehung – bzw. den anderen – nicht als einen Reinfall betrachten, wenn wir mit der Andersartigkeit des Partners konfrontiert werden, sondern unsere Beziehung als eine Herausforderung lesen, um uns – als Ich und als Du und als Wir – weiterzuentwickeln.

Gerade hier wäre es schade, dem Ende der Verliebtheit nachzutrauern, anstatt das entzündete Feuer jetzt wirklich zu nutzen. Gerade hier wäre es schade, über das, was jetzt an Reibung da ist, zu resignieren, anstatt hier das Potential weiter auszuschöpfen, das in uns selbst und dem anderen und in dem Wir hinsichtlich einer guten Beziehung schlummert und entwickelt werden möchte. Hier wäre es schade, die Beziehung abzubrechen oder aus dieser ausbrechen und sich jetzt oder später auf einen neuen Menschen einlassen zu wollen. Und gerade hier wäre es wunderbar, wenn wir die anfänglich guten Seiten, die bei uns selbst und beim anderen zutage getreten sind, als Samen betrachteten, die wir am Anfang gesät haben. Ob das Gute Früchte trägt, das liegt zu einem hohen Maße an uns selbst.

Samen kultivieren

Und was heißt aus Liebe schaffen?
Es heißt aus dem Herzen Fäden spinnen,
um ein Tuch zu weben,
das euer Geliebter tragen soll.

KHALIL GIBRAN

Um in den Herausforderungen, die uns also im Alltag der Partnerschaft begegnen, das Potential zum Wachstum zu sehen, braucht es bestimmte Geisteshaltungen, die kultiviert werden sollten. Sie sind wie das Wasser, das der Samen braucht, um zu gedeihen. Die Kultivierung muss allerdings von beiden Seiten kommen. Auf dieser Basis gilt es, sich kontinuierlich selbst zu beobachten, sich zu hinterfragen und sich gegebenenfalls zu verändern, anstatt die Fehler immer beim anderen zu sehen.

In der Paarbeziehung bestimmte Geisteshaltungen zu kultivieren ist in mehrfacher Hinsicht hilfreich: Was uns am Anfang unserer Beziehung noch leichtfiel, erfordert im Laufe der Zeit und der Jahre natürlicherweise einfach eine gewisse Pflege. Anfangs war es für uns noch einfach, überwiegend freundlich, gutgelaunt und rücksichtsvoll auf unseren Partner zuzugehen. So hat er ihr auch nach Büroschluss noch bei der längst überfälligen Steuererklärung geholfen, weil sie sich damit so schwertut. Ober aber sie hat ihm den Anzug in die Reinigung gebracht, weil er am Abend vorher noch bei einem Kunden war. Und das alles taten wir anfänglich aus dem Gefühl der Verliebtheit, obwohl wir selbst genug damit zu tun haben, unsere eigenen Sachen zu erledigen. Später dann empfinden wir genau diese Punkte, nämlich ihre Unfähigkeit, ihre Sachen selbst zu verwalten, oder seine Manie, immer Überstunden zu machen, als lästig und ärgerlich. Oder aber wir sind anfangs fasziniert von ihrer Spontaneität, die wir als positive Gegenwelt zu der unseren, oft von Misslichkeiten geprägten Sicht auf das Leben wahrnehmen, während uns genau die gleiche Spontaneität später wütend machen kann, da sie umgekehrt im Alltag eine zwischen uns getroffene Vereinbarung im Nu unvermutet hinwegfegt.

Sind wir deshalb nicht bereits am Anfang der Beziehung wachsam und offen, schleicht es sich im Alltag, wenn wir nicht aufpassen, zunehmend ein, dass jeder von beiden die Unzufriedenheit des anderen zu spüren bekommt. Andersherum kann es auch passieren, dass wir uns mehr und mehr in der Beziehung gehen lassen oder dass unser Partner unseren Ärger über Dinge, die außerhalb der Beziehung liegen, zu spüren bekommt. Oder wir vergessen inmitten des Zusammenlebens, dass der Partner und die gegenseitige Liebe die wirklichen Geschenke unseres Lebens sind, und lassen uns vom Leid, das ja zu beiden gehört, gefangen nehmen und uns immer tiefer darin verwickeln. Dann vermissen wir plötzlich unser Apartment, in dem wir vor dieser Beziehung allein gelebt haben und wo wir – wenn uns danach war – einfach die Tür von innen schließen konnten und für uns allein waren. Diese Momente im Alltag können das verschütten, was eine Partnerschaft und was die Liebe vermag. Jene Haltungen, die im Folgenden näher beschrieben werden, einzunehmen und zu pflegen, hilft uns, den Alltag gemeinsam besser zu meistern und die Partnerschaft zu vertiefen, sodass sie uns trägt und wir die Liebe immer wieder als ein Fest neu feiern können.

Vier wunderbare Geisteshaltungen

Nach meiner eigenen Erfahrung haben sich besonders folgende Geisteshaltungen, die auch in vielen spirituellen Traditionen eine wichtige Rolle spielen, als grundlegend und wichtig für eine moderne, wachstumsorientierte Paarbeziehung herausgestellt: Achtsamkeit, Dankbarkeit, Wertschätzung und Vergebung. Deshalb sollten wir in unserer Partnerschaft üben, achtsam zu sein, dankbar zu sein sowie einander wertzuschätzen und einander zu verzeihen.

Achtsam sein

Glaube nicht, dass sich dieser Weg einfach von selbst ergibt.
Er verlangt von dir Achtsamkeit und genaues Hinhören.
Das Loslassen deiner Gedanken erlaubt dir, klarer zu sehen,
doch insofern du über die Wirklichkeit nachgedacht hast,
gib dir Mühe.

FAOUZI SKALI[1]

Einfach ausgedrückt bedeutet Achtsamkeit, dass wir mit all unserer Aufmerksamkeit im gegenwärtigen Moment verankert sind. Indem wir uns für die Achtsamkeit öffnen, also gewahr sind für das, was gerade jetzt, und zwar wirklich nur jetzt ist, sind wir quasi eins mit dem Augenblick, eins mit dem Sein. Im

1 aus Danielle und Oliver Föllmi: Weisheit des Orients

Sein brauchen wir nichts, müssen wir nichts, sollen wir nichts.
Im Sein sind wir einfach. Und da sind wir frei von Erwartungen, Wünschen und Bedürfnissen sowie frei von Leid, Sorgen,
Verletztsein und Ärger. Fallen wir etwa durch Unachtsamkeit
wieder aus der Kostbarkeit des gegenwärtigen Augenblicks, des
Seins, heraus, ist es nicht schwierig, uns wieder in den Moment,
in das Sein, zu bringen – nämlich indem wir uns ganz und gar
auf das konzentrieren, was wir jetzt in diesem Moment erfahren. Durch diese Achtsamkeit, durch das Gewahrsein für das,
was jetzt ist, sind wir lebendig und sehen über die Begrenzt-
heit unseres sogenannten Ichs hinaus, das all seine Meinungen
und Empfindungen aus der Vergangenheit oder aus der Zukunft
bezieht. Sind wir aber mit unseren Gedanken in der Vergangenheit oder in der Zukunft, entsteht in uns oft ein Gefühl
von Getrenntheit und damit Sehnsucht und Leid, weil unser
Ich immer meint, etwas aus der Vergangenheit oder Zukunft zu
brauchen, zu wollen, zu müssen oder zu sollen.

Achtsamkeit im Alltag

Hör auf das, was der Augenblick sagt:
»Wo befindest du dich momentan auf dieser langen Reise?«
FAOUZI SKALI

Somit kann uns eine Praxis von Achtsamkeit in der Partnerschaft auf mehreren Ebenen etwas geben: Wenn wir gewahr
sind, sind wir achtsam – je nach Fokus etwa uns selbst und damit etwa unseren Gedanken, Gefühlen, Verhaltensweisen oder
unserem Partner gegenüber. Das heißt, wir sind ganz unmittelbar offen für das, was er uns sagt oder tut, und dem gegenüber,
was er nicht sagen und tun will. Oder wir sind wach für unsere
Partnerschaft, also für das, was ich und der andere gerade sagen oder tun. Erst durch diese Wachheit entsteht der Raum
für die Freude und das Wunder des unmittelbaren Erlebens im

Augenblick. Das kann bedeuten, dass wir durch die Beschäftigung mit der Achtsamkeit erstmals eine vollkommen neue Art der Intensität mit unserem Partner erleben, weil unsere Aufmerksamkeit ganz auf ihn und auf uns gerichtet ist, was in der Hektik des Alltags leider nur selten der Fall ist.

Auf der anderen Seite kann uns dabei aber auch bewusst werden, dass alles, was an unser Ich gebunden ist, also unser Körper, unsere Identität und unsere Geschichte, vergänglich ist. Und nicht nur wir selbst, sondern auch unser geliebter Partner ist der Vergänglichkeit unterworfen. Dadurch bekommt vieles im Angesicht des Jetzt eine andere Dimension. Der eine oder andere Streit um Kleinigkeiten wird plötzlich überflüssig, weil wir die gemeinsame Zeit als ein Geschenk wertzuschätzen lernen.

Achtsamkeit ist nicht nur in unserem normalen Alltag sinnvoll, sondern auch in Krisen. Normalerweise sind wir in einer Krise überwiegend damit beschäftigt, uns gegenseitig vorzuwerfen, was alles in der Vergangenheit schiefgelaufen ist, wo wir einander verletzt haben, uns nicht auf einander verlassen konnten, vom anderen nicht wertgeschätzt, geliebt, unterstützt oder umsorgt wurden. Wir fixieren uns auf das Negative und kommen so immer weiter weg vom gegenwärtigen Augenblick, vom Sein.

Sind wir in einer Krise indes umgekehrt nur einen einzigen Moment wirklich achtsam und offen für das, was jetzt gerade ist, dann verlieren die Vergangenheit und das Negative an Bedeutung. Und in genau diesem Augenblick der Achtsamkeit können wir uns entscheiden, unser Augenmerk nicht mehr länger auf all die Verletzungen der Vergangenheit und das Negative zu richten, sondern lieber in eine gemeinsame Zukunft zu blicken, die jetzt genau in diesem Moment beginnt, frei von Vorwürfen und Schuldzuweisungen. Dann sind wir offen für das, was jetzt gerade passiert. Hier liegt die Antwort, auf die Frage, wie wir Partnerschaft wieder in eine erfolgversprechende

Richtung steuern können. Und hier finden sich Lösungen, eine Krise gemeinsam zu meistern.

Achtsamkeit hilft uns darüber hinaus, Reibungen, Entwicklungsschritte, kritische Lebensereignisse und den Alltag für uns selbst und für den anderen und miteinander etwas leichter zu nehmen. Durch das Gewahrsein im Jetzt fällt wie von selbst so viel Ballast aus der Vergangenheit von uns ab, der uns sonst durch die Vorwegnahme von Sorgen schon für die Zukunft belastet. Gerade im Gewahrsein auf das, was jetzt ist, liegen die Kraft und die Leichtigkeit und das ganze Potential zur Überwindung jeglicher Klüfte – etwa in mir, im anderen, zwischen mir und dem anderen oder in dem, was uns das Leben bringt. Das Leben ist letztendlich eine Aneinanderreihung von Augenblicken, und Achtsamkeit hilft uns, offen für die Fülle des Augenblicks zu sein.

Die Praxis der Achtsamkeit

Vergesst niemals: Euch sind nie Prüfungen auferlegt,
die ihr nicht meistern könntet.
Rabbi Nachman von Bratslav

Achtsamkeit lässt sich im Grunde überall und sofort praktizieren. Es bedarf dazu keiner Vorbereitung, keiner besonderen Ausrüstung, keiner festgelegten Uhrzeiten. »Das Profane ist das Heilige. Der Geist des Alltags ist der Geist Buddhas«, sagt der vietnamesische Mönch Thich Nhat Hanh, der die Praxis der Achtsamkeit hier im Westen eingeführt hat. Er lehrt immer wieder, dass jede Tätigkeit im Gewahrsein zu tun ist. Wenn ich also meinem Partner zuhöre, höre ich ihm zu – und nur das, oder wenn ich bügle, bügle ich – und nur das, und wenn ich mit einem Kunden telefoniere, telefoniere ich mit diesem Kunden – und nur das. So lässt sich die Achtsamkeit leicht in die Beziehung, den Alltag und in das Leben integrieren.

Achtsamkeit lässt sich auch durch Meditation kultivieren. In der Meditation erkennen wir, wie unruhig unser Geist permanent zwischen Vergangenheit und Zukunft hin- und herspringt und wie sehr sich unser Ich mit all unseren Gedanken und unseren Gefühlen identifiziert. Meditieren wir hingegen regelmäßig, können wir uns wesentlich schneller von diesen Identifizierungen lösen, in den gegenwärtigen Moment zurückkehren und unserem Partner mit größerer Achtsamkeit begegnen, als wir es normalerweise tun. Wie sehr sich Achtsamkeit und Unachtsamkeit in der Sicht auf den anderen und auf die Gegenwart unterscheiden, zeigt folgende Geschichte:

Die zwei Mönche und die Frau

Zwei Mönche hatten sich gelobt, sich nicht mit Frauen einzulassen. Als sie eines Tages spazieren gingen, kamen sie an einen Fluss, den sie überqueren mussten. Am Ufer stand eine Frau, die ebenfalls über den Fluss gelangen musste, aber allein nicht dazu fähig war. Einer der Mönche trug sie auf seinem Rücken hinüber. Sobald sie das gegenüberliegende Ufer erreicht hatten, setzte er die Frau ab, und er und sein Gefährte wanderten weiter. Als sie von dort etwa zehn Meilen weiter gewandert waren, sagte der eine Mönch ärgerlich: »Du hättest diese Frau nicht hinübertragen sollen.« Der andere Mönch lächelte nur und erwiderte: »Ich habe sie bereits vor zehn Meilen abgesetzt. Weshalb trägst du sie immer noch?«

Wie schnell haben wir selbst auch die Tendenz, in unserer Beziehung unachtsam zu sein und unserem Partner infolgedessen Vorwürfe zu machen, die den Tatsachen nicht entsprechen? Wie schnell sind wir überhaupt unachtsam im Umgang mit dem anderen: Während wir tagsüber mit unserem Partner telefonieren, checken wir nebenbei die Mails; während er uns abends sein Anliegen erzählt, planen wir vielleicht in Gedanken bereits unseren nächsten Arbeitstag oder lassen die Sitzung vom Mittag im Geiste noch einmal Revue passieren. Wenn wir uns im Verlauf unserer Beziehung um Achtsamkeit bemühen, können wir diese Gedankenlosigkeit und einen Mangel an Präsenz vermeiden, von der folgende Zeilen berichten:

Ein Klient, der seine Frau sehr geliebt hatte, erzählte mir nach seiner Scheidung immer noch ganz betroffen, dass seine Frau gegen Ende der Ehe inmitten eines Gespräches immer wieder die Zahl »14« hatte einfließen lassen. Er aber war so in Gedanken versunken gewesen, dass er es gar nicht bemerkt hatte. Erst als sie irgendwann quasi nur noch »14« sagte, wachte er auf. Aber da war es bereits zu spät, und seine Frau hatte sich innerlich schon so weit von ihm entfernt, dass sie die Scheidung verlangte. Der Grund war, dass sie – auch für den Klienten selbst berechtigterweise – immer das Gefühl hatte, dass er mit seinen Gedanken und mit seiner Aufmerksamkeit irgendwo war, nur nicht bei ihr.

Achtsamkeit ins Leben bringen

Unser wahres Zuhause ist der gegenwärtige Augenblick.
Wenn wir wirklich im gegenwärtigen Augenblick leben,
verschwinden unsere Sorgen und Nöte, und wir entdecken
das Leben mit all seinen Wundern.
THICH NHAT HANH

Der Amerikaner Jon Kabat-Zinn, der die sogenannte Achtsamkeitsbasierte Stressreduktion (Mindfulness-Based Stress Reduction; kurz: MBSR) entwickelt hat, unterteilt die Praxis der Achtsamkeit in eine formelle und eine informelle. Die formelle Praxis ist die Meditation, bei der wir lernen, Achtsamkeit gegenüber uns selbst und all unseren Gedanken und Gefühlen zu entwickeln. Die Meditation, bei der wir unseren Atem beobachten, zählt laut Kabat-Zinn zu den wirkungsvollsten formellen Achtsamkeitsübungen.

Formelle Achtsamkeitsübung

Achtsamkeit ist ein aufmerksames Beobachten, ein Gewahrsein, das völlig frei von Motiven oder Wünschen ist, ein Beobachten ohne jegliche Interpretation oder Verzerrung.
KRISHNAMURTI

Für die meisten Menschen, die mit Meditation noch keine Erfahrung haben, ist etwa das reine Beobachten des Atems nicht einfach. Zumeist tragen uns unsere Gedanken und Gefühle sehr schnell von der Meditation weg. Darum kann das Zählen der Atemzüge hier eine Unterstützung sein. Für die meisten Menschen im Westen, die im Allgemeinen eine stärkere Einatmung als Ausatmung haben, ist es sinnvoll, das Ausatmen zu zählen, zum Beispiel so: Nach jeder Ausatmung lassen Sie im Geiste sozusagen eine Zahl fallen, wie einen Wassertropfen. Sie beginnen mit dem Zählen bei eins und enden bei zehn. Dann beginnen Sie erneut bei eins und zählen Ihre Atemzüge bis zehn usw. Gerade wenn Sie noch wenig Erfahrung mit dem Sitzen in der Stille haben, kann es sein, dass Sie es gar nicht bis zehn schaffen, d. h. davon abkommen, weil schon vorher Gedanken oder Gefühle stören. Beginnen Sie dann wieder bei eins.

Atemmeditation

- Nehmen Sie eine bequeme Sitzhaltung ein und konzentrieren Sie sich auf das Ein- und Ausströmen Ihres Atems, ohne ihn zu beeinflussen.

- Versuchen Sie, mit Ihrer Aufmerksamkeit beim Atem zu bleiben.
- Während Sie sich auf den Atem konzentrieren, richten Sie Ihre Aufmerksamkeit auf einen bestimmten Punkt im Körper, drei Fingerbreit unter dem Nabel.
- Beobachten Sie hier, wie sich die Bauchdecke mit dem Einatmen hebt und mit dem Ausatmen wieder senkt.
- Um sich ganz auf den Atem konzentrieren zu können, bieten sich folgende Möglichkeiten an: Zählen Sie Ihre Atemzüge nach jedem Ausatmen von eins bis zehn. Einatmen, ausatmen – eins, einatmen, ausatmen – zwei, einatmen, ausatmen – drei usw. Zählen Sie bis zehn und beginnen Sie wieder von vorn. Wenn Sie sich vor dem zehnten Atemzyklus bereits wieder in Ihren Gedanken oder Gefühlen verloren haben, können Sie wieder bei eins anfangen. Versuchen Sie so, zehn Minuten zu meditieren und zu zählen. Wenn Sie abschweifen, holen Sie sich immer wieder liebevoll zurück und beginnen Sie wieder bei eins.
- Durch die Verlagerung der Aufmerksamkeit vertiefen sich Konzentration und Entspannung. Wenn Sie zehn Minuten auf diese Weise gezählt und sich dabei auf Ihren Atem konzentriert haben, können Sie sich im Anschluss noch weitere fünf Minuten auf den Atem konzentrieren, ohne dabei zu zählen.

Informelle Achtsamkeitsübungen für den Alltag

Jon Kabat-Zinn, aber auch andere spirituelle Lehrer messen der informellen spirituellen Praxis genauso viel Bedeutung bei wie der formellen. Was nutzt es, wenn Sie auf dem Meditationskissen oder auf einem Stuhl in der Lage sind, all Ihre Gedanken und Gefühle bewusst wahrzunehmen, aber bei der Begegnung mit Ihrer Partnerin immer abschweifen? Aus genau diesem Grund setzt die informelle Praxis mitten in unserem Alltag an – etwa in unserer Partnerschaft und in unserem Berufsleben. Deshalb sind die folgenden Hilfestellungen eine besondere Herausforderung in unserem Alltag und zugleich eine Bereicherung für unsere Beziehung.

● **Tipp:** Achtsamkeitszettel
In einer Gesellschaft, in der wie bei uns das Prinzip schneller-höher-weiter an oberster Stelle steht, haben die meisten nicht gelernt, achtsam zu sein. Wie auch? Es bleibt ja keine Zeit dazu. Somit müssen wir uns heute selbst dahingehend erziehen, in jedem Moment oder so häufig wie möglich achtsam uns selbst, dem anderen und dem Leben gegenüber zu sein. Dies gelingt uns besser, wenn wir uns anfangs kleine Zettel aufhängen, die uns daran erinnern, achtsam zu sein. Zettel am Laptop, Telefon, im Bad oder im Auto mit der Aufschrift »Achtsam sein!« können uns immer wieder daran erinnern, in den gegenwärtigen Moment zu kommen.

◎ **Kontemplation:** Den gegenwärtigen Moment genießen, als wäre es der letzte
Achtsamkeit des Genießens lässt sich überall und zu jeder Zeit praktizieren. Versuchen Sie z. B., Ihren geliebten Latte macchiato vollkommen achtsam, also Schluck für Schluck und mit all Ihren Sinnen nur darauf gebündelt, zu trinken. Stellen Sie sich vor, dieser Latte macchiato wäre der letzte, den Sie jemals zu trinken bekämen. Die Qualität des Getränks und der Handlung würden sich vollkommen verändern. Von dieser Veränderung weiß die folgende Geschichte aus dem Zen zu berichten:

Die köstlichste Erdbeere

Einst ging ein Zen-Mönch spazieren. Plötzlich merkte er, dass ein Löwe ihn verfolgte. Der Mönch rannte so schnell er konnte und kam an einen Abgrund, an dem ein Baum stand. Er hielt sich an der Wurzel des Baums fest und blickte hinunter in den Abgrund, wo ein weiterer Löwe stand und auf ihn wartete.

*Dann sah der Mönch, dass am Abgrund eine kleine, reife Erd-
beere wuchs. Er nahm diese Erdbeere und aß sie, und noch nie
in seinem ganzen Leben hatte eine Erdbeere so wunderbar ge-
schmeckt.*

◎ **Kontemplation:** Jeden Moment so nutzen, als wäre es
der beste
Wenn es Ihnen gelingt, die schönen Momente Ihres Lebens zu
nutzen und ganz aufmerksam und bewusst zu genießen, dann
können Sie die informelle Achtsamkeitspraxis weiter ausdehnen auf die Dinge, die im Verlauf eines Tages zu tun sind. Konkret bedeutet dies, sich nur einer Sache zu einer Zeit zu wid-
men: Wenn Sie bügeln, dann bügeln Sie. Wenn Sie essen, dann
essen Sie. Wenn Sie Ihrem Partner zuhören, dann hören Sie
Ihrem Partner zu. Wenn Sie gehen, dann gehen Sie. Suchen
Sie sich zu Beginn der Achtsamkeitspraxis eine Tätigkeit am
Tag aus, die Sie ganz bewusst verrichten. Wenn Sie das Gefühl
haben, dass Ihnen dies gelingt, dann steigern Sie sich auf zwei
Tätigkeiten, die Sie in vollkommener Achtsamkeit an einem
Tag – jedoch nicht zur selben Zeit – tun. Steigern Sie die in-
formelle Achtsamkeitspraxis langsam und stetig, bis Sie das
Gefühl haben, dass Achtsamkeit Ihren Tag mehr und mehr
durchdringt.

●● **Tipp für Paare:** Achtsamkeit gemeinsam gestalten
Beginnen Sie diese Paar-Achtsamkeitsübung in kleinen Schrit-
ten: Treffen Sie sich zu einer gemeinsamen Aktivität, die Sie
ganz in dem Bewusstsein der Achtsamkeit unternehmen. Gehen Sie zum Beispiel zusammen spazieren oder wandern und
versuchen Sie, ganz bei dem zu bleiben, was Sie tun. Lassen
Sie Themen wie anstehende Erledigungen, ungeklärte Auseinandersetzungen mit Kollegen oder Familienmitgliedern, finan-
zielle Sorgen und auch das Handy zu Hause. Machen Sie gemeinsam nur diesen Spaziergang und schweigen Sie dabei.
Oder gehen Sie gemeinsam in ein neues Restaurant, in ein

neues Café, so als begegneten Sie sich dort zum ersten Mal.
Ganz bewusst, ganz achtsam und wach für den anderen. Und
lassen Sie auch hier all die Themen, die normalerweise besprochen werden müssen, zu Hause. Wenn es Ihnen gut gelingt,
etwas ganz im Zeichen der Achtsamkeit zu tun, dann weiten
Sie die gemeinsame Achtsamkeitsübung aus. Machen Sie vielleicht einen Achtsamkeitstag als Paar. Legen Sie vorher fest,
wie Sie ihn gemeinsam gestalten wollen, und setzen Sie diesen
Tag dann im Zeichen der Präsenz um. Sollten Sie dabei abge-
lenkt werden und aus dem Moment herausfallen, steigen Sie
achtsam und liebevoll wieder in den gegenwärtigen Augenblick ein.

●● **Tipp für Paare:** Wenn ich da bin, bin ich einfach
nur da!
- Verabreden Sie sich mit Ihrem Partner, um sich ganz un-
  verbindlich zu streicheln.
- Sorgen Sie für eine schöne, sinnliche Atmosphäre, in
  der Sie sich wohl fühlen und vollends entspannen können.
- Richten Sie sich so für eine halbe Stunde oder eine
  Stunde ein. Achten Sie darauf, dass es keine äußeren
  Ablenkungen gibt. Sorgen Sie dafür, dass jedem die glei-
  che Zeit zusteht.
- Einer von Ihnen liegt ganz entspannt auf dem Rücken
  oder dem Bauch. Der andere streichelt den Partner.
- Versuchen Sie nun beide, mit Ihrer ganzen Aufmerksam-
  keit bei dem zu sein, was gerade passiert.
- Wenn Sie in der Position sind zu streicheln, dann versu-
  chen Sie, mit Ihrer ganzen Aufmerksamkeit den Körper
  Ihres Partners zu streicheln und zu berühren, so als er-
  forschten Sie diesen Körper zum ersten Mal in Ihrem
  Leben.
- Sobald Sie bemerken, dass Sie mit Ihrer Aufmerksam-
  keit abschweifen, holen Sie sich liebevoll zurück und

versuchen Sie, in jedem Moment voll und ganz präsent zu sein.

- Wenn Sie in der Position sind gestreichelt zu werden, dann versuchen auch Sie, hier mit Ihrer ganzen Aufmerksamkeit präsent zu bleiben. Nehmen Sie so bewusst und achtsam wie möglich wahr, wie Ihr Partner Ihren Körper mit seinen Streicheleinheiten verwöhnt. Versuchen Sie so genau wie möglich jede einzelne Berührung in sich aufzunehmen.

- Sobald Sie bemerken, dass Ihre Aufmerksamkeit nachlässt, holen Sie sich liebevoll wieder in die Gegenwart zurück.

- Durch diese Übung lernen Sie, die Magie des Augenblicks zu erleben.

◇ **Kriseninterventon:** Das Achtsamkeitssymbol
Idealerweise lässt sich Achtsamkeit natürlich dann einüben, wenn wir entspannt und ausgeglichen sind und in uns ruhen. Aber gerade in Krisen ist Achtsamkeit uns selbst und unserem Partner gegenüber gefragt, weil wir sonst Gefahr laufen, mit unachtsam ausgesprochenen Worten oder verletzenden Handlungen in wenigen Sekunden Schäden anzurichten, die wir vermeiden könnten und später wahrscheinlich bereuen.

In meiner eigenen Partnerschaft gab es eine Krise, in der unsere Beziehung sehr gefährdet war. Wir stritten uns permanent und wussten nicht mehr, ob und wie es mit uns weitergehen würde. Wir entschieden uns, eine Achtsamkeitskerze anzuzünden, die uns symbolisch davor bewahren sollte, unachtsam und destruktiv zu reden oder zu handeln, wenn wir zusammen waren. Diese Kerze war uns eine Hilfe, sie brachte uns immer wieder in dem Moment der Gegenwärtigkeit zurück. Manchmal saßen wir dann in Achtsamkeit zusammen und konnten darin nach Wochen des Streits endlich wieder entspannen, zuerst nur für ein paar Minuten, später auch wieder für Stunden, bis wir die Kerze nicht mehr brauchten.

Kaufen Sie nach Möglichkeit gemeinsam eine Kerze, legen Sie ihre Bedeutung fest und stellen Sie die Kerze am besten auf den Esstisch oder einen anderen Ort auf, an dem Sie sich gemeinsam oft aufhalten. Zünden Sie sie an, wenn Sie gemeinsam zu Hause sind.

Dankbar sein

Ich behaupte steif und fest, dass Dank die höchste Form des Denkens ist und dass Dankbarkeit Glückseligkeit ist, die durch das Staunen darüber noch verdoppelt wird.

GILBERT KEITH CHESTERTON

In einer Gesellschaft, in der wir scheinbar alles sofort bekommen können, ist Dankbarkeit zu einer der seltensten Tugenden geworden. Wir empfinden es als selbstverständlich, dass der Bäcker nur frische Brötchen hat, die S-Bahn auf die Minute pünktlich einfährt und die Läden bis 20 Uhr geöffnet haben. Werden unsere Wünsche und Ansprüche nicht sofort bedient, reagieren wir mitunter unwirsch, pampig und vorwurfsvoll. Umgekehrt vergessen wir, dankbar für so vieles zu sein, nämlich dafür, dass wir gesund sind, dass wir ein Dach über den Kopf haben und dass wir in Frieden leben. Dies ist beileibe nicht selbstverständlich.

Was aber genau ist Dankbarkeit? Im herkömmlichen Sinne meint Dankbarkeit, dass wir von jemandem etwas geschenkt bekommen – ob auf der materiellen Ebene etwa einen Blumenstrauß oder auf der nicht-materiellen Ebene etwa Worte oder emotionale Unterstützung in Zeiten einer persönlichen Krise – und wir dann ein Gefühl der Dankbarkeit empfinden, weil wir die Absicht des Schenkenden und den Wert des Geschenks zu schätzen wissen. Manchmal wird Dankbarkeit auch mit Gnade in Verbindung gebracht, und zwar dann, wenn uns etwas geschenkt wird, auf das wir anscheinend kein Anrecht haben –

wie etwa eine fremde Niere, die unser Leben rettet – oder was wir vielleicht gar nicht verdient haben. Eng verknüpft mit diesem Gedanken und auch gleichzeitig eng verbunden mit der Dankbarkeit ist die Demut, etwa wenn wir spüren, dass wir ohne unser Zutun etwas vom anderen oder durch den anderen erhalten. Besonders spürbar wird dies in leidvollen Situationen, wenn etwa ein Elternteil stirbt und unser Partner einfach da und präsent ist. Und dabei wird auch besonders deutlich, dass Dankbarkeit Gedankenlosigkeit aus- und Achtsamkeit einschließt. Wir empfinden es dann als ganz natürlich, dass das Geschenk im Augenblick, nicht in der Vergangenheit und auch nicht in der Zukunft passiert.

Dankbarkeit schließt Hochmut oder Unachtsamkeit aus. Werden wir zum Beispiel hochmütig, weil wir es gewohnt sind, dass uns wegen unserer beruflichen Position oder unseres Reichtums alle zu Füßen liegen, halten wir vieles für selbstverständlich. Sind wir unachtsam, dann buchen wir etwa das, was positiv ist, als selbstverständlich. Dann nehmen wir zum Beispiel unseren Partner vor lauter Selbstbezogenheit oder Stress im Alltag nicht mehr als Geschenk des Himmels wahr oder – was auch nicht besser ist – nehmen ihn als feste Größe in unserem Leben und leugnen damit seinen eigentlichen Wert. Und dies passiert leider schneller, als es uns bewusst ist. So sind wir am Anfang unserer Beziehung – gerade dann, wenn wir vielleicht lange allein waren oder endlich das Gefühl haben, einen Menschen gefunden zu haben, der zu uns passt – dem Leben für unseren neuen Partner noch sehr dankbar. Aber im Laufe der Zeit und wenn wir vielleicht auch schon die eine oder andere Auseinandersetzung oder Krise überwunden haben, wird uns unser Partner leicht zu einer Selbstverständlichkeit.

Manchmal haben wir das Glück, ganz spontan in den Zustand der Dankbarkeit hinein aufzuwachen, etwa wenn wir von einem Flugzeugunglück hören und unser Partner nicht unter den Todesopfern ist, obwohl er beruflich viel fliegt und vielleicht sogar noch an dem nämlichen Tag die gleiche Strecke geflogen ist. Oder aber ein Gefühl von Dank durchströmt uns, wenn wir im Auto zur Arbeit fahren und ein Lied hören, das uns an besonders schöne Momente im letzten Urlaub erinnert. Oder wenn wir dankbar dafür sind, dass es unsere Partnerin in unserem Leben gibt. Oder wenn wir achtsam sind und unseren Partner, der uns gerade beim Essen gegenübersitzt, wirklich in seiner ganz eigenen Schönheit sehen und nicht durch die Schablone von Stress wahrnehmen, und wir auch hier erfüllt sind von Dankbarkeit, mit diesem Menschen zusammen sein zu können.

Es gibt aber auch Menschen, denen es schwerfällt, aus sich heraus ein Gefühl von Dankbarkeit für den Partner zu empfinden, mit dem sie zusammen sind, weil die Gesellschaft uns permanent vermittelt, dass es irgendwo immer noch etwas Besseres, Schöneres, Außergewöhnlicheres gebe als das, was wir bereits haben. Und so kann es schnell passieren, dass unser Partner uns nicht als der Richtige erscheint und wir meinen, dass es vielleicht noch irgendwo einen Besseren gebe. Wie dieser Mechanismus wirkt und wie sehr Dankbarkeit hier auf der Strecke bleibt, zeigt folgende Geschichte:

Vier Schönheiten

Im Traum sah Felix, ein Frauenheld, wie ihm vom Himmel die schönsten Frauen des ganzen Landes geschenkt wurden. Drei wunderschöne Frauen traten nacheinander in sein Schlafzimmer. Aber vor der vierten Frau, die an Schönheit alles übertraf, was er bis dahin gesehen hatte, schloss sich die Schlafzimmertür. »Gerade aber die vierte Frau möchte ich unbedingt in meinem Schlafzimmer haben!«, rief Felix so laut, dass er davon aufwachte. Als er merkte, dass alle Frauen wieder verschwunden waren, schloss er die Augen und murmelte reumütig: »Also gut, ich bin auch mit drei Schönheiten zufrieden.«

Dankbar sein, dass es den anderen gibt

Die größte Kraft des Lebens ist der Dank.

HERMANN VON BEZZEL

Was aber genau bedeutet Dankbarkeit für eine Partnerschaft? Da Dankbarkeit reine Selbstbezogenheit ausschließt und den anderen oder etwas Größeres einschließt, kann sie beiden Partner ad hoc und immer wieder die Chance eröffnen, ihre Verbindung zu spüren und zu intensivieren. Dies passiert dadurch, dass sich beide durch den Akt des Gebens und Empfangens als aufeinander bezogen erleben und so die gegenseitige Zuwendung spüren. Darüber hinaus wirkt bei Dankbarkeit das Prinzip der Resonanz, nach dem Gleiches Gleiches anzieht, also in diesem Fall Positives Positives, da Geben wie eine Saite der einen Geige auf einem Ton schwingt und damit beim Empfangen die nämliche Saite der anderen Geige mitschwingen lässt. Kultivieren wir Dankbarkeit in unserer Partnerschaft, nehmen wir eher das wahr, was positiv ist. So bemerken wir etwa, dass unser Partner gerade ein offenes Ohr für uns hat, oder genießen, dass er uns jetzt in den Arm nimmt, und freuen uns darüber. Dankbarkeit lenkt also den Blick auf die Fülle in der Beziehung und auch gegenüber dem Leben. Sie hebt die Stimmung, sie festigt die Zufriedenheit miteinander und mit dem Leben. Sie trägt dazu bei, dass wir den Blick wieder öffnen über die Monotonie und die Langeweile hinaus, die wir in der Partnerschaft und in der Hektik des Alltags schnell empfinden. Unsere Lebensfreude nimmt zu. Dankbar zu sein lenkt den Blick in eine neue Richtung und lehrt uns, wieder staunen zu können wie ein Kind. In meiner Praxis freue ich mich immer wieder darüber, zu sehen, welches Entwicklungspotential in der Dankbarkeit liegt und sich manchmal dort zeigt, wo wir es nicht erwarten.

Einer meiner Klienten geriet immer an Frauen, die kurze Beziehungen mit ihm führten, ihn dann aber wieder verließen, ohne ihm genau zu erklären, warum. Eines Tages traf er zum ersten Mal auf eine Frau, die alle Konflikte direkt und sehr offen ansprach. Diese Art von Offenheit war ihm weder aus seinem Elternhaus noch aus früheren Beziehungen bekannt. Er war ihr jedes Mal anschließend sehr dankbar, wenn sie ihn mit einem unangenehmen Thema konfrontierte, auch wenn es zu Beginn schwierig für ihn war, mit dieser Offenheit umzugehen. Dadurch konnte er seinen Anteil an Auseinandersetzungen und Krisen innerhalb der Beziehung erkennen. Seine Dankbarkeit drückte er seiner Partnerin gegenüber aus, wodurch sie sich wiederum in ihrer Art sehr bestätigt und geliebt fühlte, hatte sie doch zuvor immer wieder Männer gehabt, die mit ihrer ehrlichen Art nicht sonderlich gut umgehen konnten. So hatten beide nun endlich die Möglichkeit, eine Beziehung miteinander zu führen, die ihnen eine große Chance zum eigenen und gemeinsamen Wachstum ermöglichte.

Wenn wir die Dankbarkeit in uns kultivieren und ihre Kraft für unser Leben spüren, dann wird unsere Lebensfreude immer praller, und es fällt uns zunehmend leichter, dankbar zu sein, für das, was gerade ist. Ja, so kommen wir im Grunde wirklich im gegenwärtigen Moment an und erfahren die Magie des Augenblicks. Wir sind quasi eine Manifestation der Dankbarkeit.

Sind wir also im Moment und voller Dankbarkeit, wirkt sich dies auch gemäß dem Prinzip der Resonanz positiv auf den anderen und somit auf unsere Beziehung aus. Unsere gute Laune hebt die Stimmung beim anderen und lässt auch das Stimmungsbarometer der Beziehung steigen. Damit können wir wieder freudvoller und positiver dem Alltag begegnen.

Mit der Dankbarkeit verhält es sich ähnlich wie mit der Achtsamkeit. Sind wir entspannt, sind wir auch offener. Stress hingegen macht uns oft eng und gereizt. Bringt unser Partner uns an einem gewöhnlichen Wochentag einen Strauß Blumen mit nach Hause, fällt es uns sehr leicht, voller Dank zu sein. Verletzt er uns hingegen massiv, fällt es uns natürlich sehr schwer, für ihn und die Beziehung auch nur einen Funken Dankbarkeit aufzubringen. Zumeist verschließen wir uns in solchen Momenten vollkommen der Fülle. Halten wir aber in einer Situation auch nur einen Moment inne und erinnern uns all der Dinge und Momente, durch die unser Partner unser Leben durch sein So-Sein bereichert hat, dann kann dieser Moment dazu beitragen, dass wir nicht länger nur auf Mängel, Verletzungen und Diskrepanzen achten, sondern wieder das anerkennen, was gut und bereichernd an unserem Partner und an unserer Beziehung ist. Auch und besonders in Zeiten von Auseinandersetzungen und in Krisen kann die Dankbarkeit uns helfen, diese erfolgreich zu bewältigen.

Eine Klientin berichtete, dass sie sich mit ihrem Partner immer wieder darüber stritt, dass sie genauso viel in die Haushaltskasse geben sollte wie er, der bereits voll als Grafiker etabliert war, obwohl sie noch beruflich am Anfang ihrer Selbstständigkeit als Inhaberin einer kleinen Yogaschule stand. Sie stritten so oft und heftig darüber, dass sie ihre Beziehung ernsthaft gefährdet sah. In dieser Zeit übersah sie völlig, dass er ihr unentgeltlich ein pfiffiges Logo und einen Flyer für ihre Yogaschule gestaltete und auch ihre Website grafisch überarbeitete. Diese Hilfe missverstand sie als selbstverständlich, weil ihr ganzer Fokus auf die gerechte Aufteilung der Haushaltskosten gerichtet war. Indem sie sich für die Dankbarkeit öffnete, erkannte sie, dass es nicht selbstverständlich war, dass

ihr Partner sie mit so vielen Ideen und seiner Kreativität
unterstützte. Hierdurch konnte sie die Krise auflösen und
das, was ihr Partner ihr freiwillig und gerne gab, mit großer Dankbarkeit anerkennen.

Besonders dann, wenn wir gewohnt sind, unseren Partner stän-
dig um uns zu haben, wird uns oft nur schwer bewusst, dass die
vielen kleinen Dinge, die er vollbringt, keine Selbstverständlichkeiten sind. Aber auch dann, wenn wir nur ab und zu etwas
von unserem Partner geschenkt bekommen, nimmt das vermeintliche Gefühl, dies stünde uns zu, manchmal dem Gefühl
der Dankbarkeit den Platz. Und dass es gar nicht so einfach ist,
die Dankbarkeit im Gedächtnis zu behalten und dass man an
ihrer Kultivierung arbeiten muss, wissen auch diejenigen aus
eigener Erfahrung, die Dankbarkeit praktizieren und bewusst in
ihr Leben einbringen. So schrieb etwa Albert Einstein, dass
er sich etwa 100 Mal am Tag ins Gedächtnis rufen müsse, dass
sein Innenleben ebenso wie seine äußeren Umstände auf den
Bemühungen anderer Menschen basierten, Toter wie Leben-
diger. Auch bekannte er, dass er sich anstrengen müsse, um im
gleichen Maße zu geben wie zu empfangen.

Dass Dankbarkeit nicht wie von allein funktioniert, wenn
wir uns in der Partnerschaft dafür entschieden haben, liegt
auch daran, dass wir uns schwertun, von unserer Selbstbezogenheit Abstand zu nehmen und etwas anzunehmen. In unserer
Gesellschaft steht ja nahezu alles jederzeit zur Verfügung, und
wir werden darüber hinaus zu Autonomie, Leistung und Mach-
barkeit erzogen. Mit dieser Prägung gehen wir in eine Partnerschaft hinein, und es fällt uns schwer, davon Abschied zu nehmen. Denn indem wir etwas von dem anderen annehmen,
erkennen wir an, dass wir nicht wirklich selbstgenügsam sind,
was uns wiederum bedrohlich erscheinen mag. Gerade Männer
haben die Tendenz, es als äußerst unangenehm zu empfinden,

Dankbarkeit zu zeigen. Frauen hingegen fällt dies oft leichter – was daran liegen dürfte, dass Mädchen eher als Jungen dazu erzogen werden, auf andere zu achten.

Um Dankbarkeit in der Partnerschaft zu kultivieren, müssen wir dem Partner gegenüber äußern, dass wir dankbar sind. Zu oft glauben wir fälschlicherweise, dass der andere sowieso weiß, dass und wie dankbar wir sind, im Kleinen etwa, dass er daran gedacht hat, die Zeitung vom Einkaufen mitzubringen, oder im Großen, dass wir dankbar sind, dass es ihn gibt. Tatsächlich aber weiß er dies oft nicht. Und selbst wenn er manches doch weiß, hat es eine andere Qualität, wenn wir ihm sagen, dass wir ihm jetzt dafür dankbar sind. Manchmal vergessen wir auch, dem Partner zu danken, weil gerade die Sportschau im Fernsehen läuft oder die beste Freundin dazwischenkommt. Oft passiert es auch, dass wir uns nicht beim Partner bedanken, weil wir meinen, Tätigkeiten, wie etwa den Müll runterzubringen oder Briefe einzuwerfen, seien einfach das Ressort des anderen, weil es so vereinbart war. Oder wir bedanken uns nicht, weil es uns unerheblich scheint, was der andere für uns getan hat, wie etwa einen Umweg zu fahren und die Wäsche von der Reinigung noch abzuholen, anstatt direkt von der Arbeit nach Hause zu kommen. Auch wenn etwas ohnehin vereinbart war oder uns unerheblich scheint – Dankbarkeit zu äußern ist eine wundervolle Möglichkeit, wenn es einem in der Partnerschaft ernst ist, Dankbarkeit zu kultivieren. Noch wichtiger – aber natürlich auch viel schwieriger – ist dies in Zeiten, in denen wir uns viel streiten, wir uns in einer Krise befinden oder wenn sich die Beziehung fad oder langweilig anfühlt. Hier dem anderen für die vielen vermeintlichen Selbstverständlichkeiten sowohl innerlich als auch ganz praktisch zu danken führt uns in unserer Partnerschaft zueinander und nach vorn und macht das Leben schöner und unsere Liebe noch wertvoller.

Dankbarkeit ins Leben bringen

Für alles Unangenehme, was einem widerfährt,
sollte man dem Himmel genauso dankbar sein
wie für alles Angenehme.

RABBI AKIBA BEN JOSEF

●● **Tipp für Paare:** Dem anderen danken
Das, was unser Partner uns gibt, egal ob materiell oder ideell,
gefühlsmäßig oder spirituell, ist keine Selbstverständlichkeit,
und wir sollten immer wieder die Zeit finden, uns dessen gemeinsam bewusst zu werden – und einander dafür zu danken.
Verabreden Sie sich mit Ihrem Partner in regelmäßigen Abständen, je nachdem wie intensiv Sie die Dankbarkeit praktizieren möchten: alle drei Monate, alle sechs Wochen, einmal
im Monat, alle vierzehn Tage oder einmal in der Woche. Nutzen Sie dieses Treffen nur dafür, gemeinsam den Blick darauf zu
richten, wofür Sie einander dankbar sind. Gehen Sie gemeinsam den jeweiligen Zeitraum durch und machen Sie sich bewusst, wofür Sie Ihrem Partner gerne danken möchten. Teilen
Sie dies dann einander mit. Wenn Sie am Ende der Übung das
Gefühl haben, dass es auch etwas gibt, wofür Sie Dank verdient
hätten, ihn aber nicht erhalten haben, so sprechen Sie das
ebenfalls aus und fragen Sie Ihren Partner, warum er Ihnen –
möglicherweise – nicht dafür gedankt hat. Danken Sie einander dann für die Zeit, die Sie sich jetzt füreinander genommen
haben, und für das Gespräch.

◇ **Krisenintervention:** Wochenplan
Halten Sie jeden Abend während einer Krise inne und überlegen Sie sich, wofür Sie Ihrem Partner dankbar sein können.
Schreiben Sie so viele Punkte wie möglich auf. Am besten
legen Sie sich ein Dankbarkeitsheft an, in dem Sie jeden einzelnen Tag aufführen. Erfahrungsgemäß wenden Sie dann sehr

schnell wieder den Blick auf das in Ihrer Beziehung, was gut ist, und es fällt Ihnen so leichter, die Krise gemeinsam mit Ihrem Partner zu lösen.

Wertschätzen können

Die Heiligen sind nicht aufgrund der Wertschätzung anderer heilig,
sondern weil ihre Tugend sie in die Lage versetzt,
jedermann wertzuschätzen.

THOMAS MERTON

Einem Menschen mit Wertschätzung zu begegnen heißt, ihn positiv zu sehen und ihn in seiner ganzen Persönlichkeit wirklich anzunehmen, ihn in Gänze zu achten, selbst wenn uns bestimmte Verhaltensweisen oder Handlungen an ihm missfallen oder auch immer wieder ärgern. Wertschätzung stellt natürlich gerade in einer Partnerschaft eine große Herausforderung dar, da wir rund um die Uhr und jeden Tag aufs Neue mit all den kleinen und großen Unzulänglichkeiten des anderen konfrontiert sind. So könnten wir vielleicht gerade noch gut damit leben, wenn unser Ehemann *nur* unordentlich wäre. Dass er aber darüber hinaus auch manchmal cholerisch ist, sich gerne in der Freizeit hinter seinen Laptop klemmt oder Fußballspiele im Fernsehen ansieht, macht es uns nicht immer leicht, ihn wirklich zu achten und all seine Qualitäten wertzuschätzen. Oder wäre unsere Lebensgefährtin *nur* geselliger, als wir es sind, und nicht auch noch kauflustiger, putzwütiger und kalorienbewusster, dann könnten wir ebenfalls versuchen, gut damit zu leben. Da sie aber darüber hinaus noch jeden kleinen Streit, den wir mit ihr haben, entweder mit ihrer Mutter oder mit ihrer besten Freundin am Telefon diskutiert, sind wir oft geneigt, statt Wertschätzung für sie zu empfinden, die Freundin eher innerlich zu verfluchen. Jede einzelne Eigenart für sich genommen mag vielleicht gar nicht so schwerwiegend für uns sein, aber wenn wir permanent mit ihr zu tun haben, ist Wertschätzung für den Partner wirklich eine hohe Kunst. Sie steht in engem Zusammenhang mit Wohlwollen und Achtung für den anderen. Sie beinhaltet, dass wir ihm mit wirklichem Interesse und echter Zuneigung begegnen. Auch in der Psychotherapie – etwa in der Klientenzentrierten Psychotherapie von Carl Rogers – spielt die Wertschätzung eine zentrale Rolle. Unbedingte Wertschätzung, Empathie und Echtheit sollte ein Therapeut seinem Klienten entgegenbringen, um anstelle von Angst und Spannung Raum für positive Veränderung und Wachstum zu lassen. Auch in der Arbeitswelt spielt Wertschätzung eine wichtige Rolle. Sie motiviert und macht zufriedener. Wertschätzung – besonders in Form verbaler Anerkennung – vermittelt einem Menschen das Gefühl, dass seine Arbeit sinn- und wertvoll ist.

Wertschätzen, wie der andere ist

Suchet stets das Gute im anderen.
Richtet euer Augenmerk auf seinen positiven Kern.
Durch dieses helle Licht sehet den Sünder
und verwandelt ihn in einen Heiligen.
Rabbi Nachman von Bratslav

In unserer Beziehung kann Wertschätzung uns helfen, Angst und Spannung zu reduzieren und Gefühle wie Unzulänglichkeit, Missmut, Unzufriedenheit und Ablehnung aufzulösen. Wenn wir etwa unserem Partner ein Gefühl der Wertschätzung vermitteln, kann er dadurch lernen, mit seinen Mängeln, Ecken und Kanten besser zu leben. So kommt es doch bei fast allen Frauen vor, dass sie irgendetwas an ihrem Körper ablehnen und etwa ihren Busen zu klein oder sich am Bauch zu dick finden und sich deshalb nicht für liebenswert halten. Oder aber unsere Eltern haben uns das Gefühl vermittelt, dass etwas an unserem Äußeren oder auch an unserer Art zu leben, zu denken oder zu fühlen nicht in Ordnung sei. Werden wir dann in einer Partnerschaft unserer selbst willen wertgeschätzt, können wir zu einem gesunden Selbstwertgefühl finden und unsere Unzulänglichkeiten nun darin gleichsam integrieren. Solche Erfahrungen sind heilend, entlastend und motivierend zugleich, indem sie den Fokus weg von den Mängeln richten und hin auf das Ganze, also auch auf unser Potential. Und solche Erfahrungen motivieren uns, unsere vorhandenen Stärken weiterzuentwickeln oder die schlummernden Fähigkeiten zu erwecken. Vereinfacht gesagt: Wertschätzung macht Schwächen schwächer und Stärken stärker und das Leben für das Paar reicher.

Wertschätzung in unserer Beziehung bedeutet, dass wir nicht nur unseren Partner wertschätzen, sondern auch uns selbst. Letzteres fällt uns in der Regel schwerer, weil wir zumeist mehr auf unsere Mängel schauen als auf das, was uns wirklich ausmacht. Besonders in Auseinandersetzungen und Krisen tun wir uns sehr schwer, sowohl den Partner als auch uns selbst und die Beziehung wertzuschätzen. Und dennoch ist es gerade dann notwendig, eben weil der Blick auf die Stärken diese stärkt und die Schwächen schwächt.

Wertschätzung zu pflegen gelingt uns nicht von heute auf morgen. Wieder und wieder wird sich der andere etwa als unwert empfinden und den Unmut darüber vielleicht an uns auslassen. Oder aber wir selbst werten uns ab, fühlen uns dem anderen gegenüber minderwertig – möglicherweise bis hin zu dem Punkt, an dem einer oder beide die Partnerschaft selbst in Frage stellen. Dass wir uns selbst oder unseren Partner nicht für gut genug halten, beruht auch auf Konditionierungen, mit denen wir aufgewachsen sind. Gerne berichte ich hierzu Klienten in meiner Praxis von folgendem Experiment, das in den USA mit dreijährigen Kindern durchgeführt wurde: Man stattete die Kinder mit Tonbandgeräten aus, die stundenlang ihre Äußerungen und die Äußerungen anderer in ihrer Umgebung aufnahmen. So wurden sämtliche Botschaften festgehalten, die die Kinder über den Zeitraum von 14 Tagen erhielten. Die Auswertung ergab, dass 85 Prozent der Botschaften Verbote enthielten und diese Verbote oftmals die liebende Sorge der Eltern widerspiegelten, dass aus den Kindern etwas besonders Gutes werden solle.

Obwohl die Eltern aus Liebe handelten und wahrscheinlich nur das Beste für ihre Kinder wollten, zeigt das Experiment anschaulich, dass die meisten Botschaften den Kindern signalisierten, nicht gut genug zu sein und sich deshalb ändern zu müssen. Überträgt man dies auf unsere Verhältnisse, heißt das: Obwohl der elterliche Impuls positiv gemeint ist, kommt er negativ an. Die Botschaften der Eltern, die das Wohl des Kindes im Auge haben, setzen am Mangel an und lösen daher Gedanken und Gefühle aus, ungenügend und unwert zu sein. Und dies wird vom Kind wiederum als Selbstkonzept verinnerlicht. Eben weil diese Konditionierungen die Selbstsicht, die Sicht auf den anderen und die Sicht auf die Welt prägen – und damit auch unsere Sicht auf die Partnerschaft –, ist es so günstig, uns in Wertschätzung zu üben. Dann können wir die Gefühle des Mangels loslassen und wieder die Fülle sehen, die ist.

Eine Klientin verglich ihren Mann immer wieder mit ihren Exliebhabern oder mit dem Phantom eines Traummannes. Das führte dazu, dass sie ihren Mann in der Gänze nicht annehmen konnte. Sie hatte so festgefahrene Vorstellungen von einem Mann, angefangen von äußeren Attributen wie Größe und Statur, dass sie latent unzufrieden in der Beziehung war. Obwohl er kleiner und rundlicher gebaut war, als es ihrem vermeintlichen Ideal entsprach, hatte sie in ihm einen Menschen, auf den sie sich verlassen konnte und der immer für sie da war. Darüber indes ging sie leichtfertig hinweg. Eines Tages stellte ich den Satz in den Raum, dass sich aus einem Haflinger nun einmal kein Araber machen lasse und umgekehrt und dass beide in sich schon vollkommen seien. Die Klientin, die sich mit Pferden auskannte, war plötzlich sehr berührt, da sie nun erkannte, dass sie von ihrem Mann Dinge erwartete, die er ihr bei aller Liebe nicht liefern konnte, weil er in gewisser Weise so war, wie er war. Nachdem sich so ihre Augen geöffnet hatten, konnte sie ihm ganz anders begegnen und ihn entsprechend wertschätzen.

Wertschätzung macht uns, ähnlich wie die Dankbarkeit, offen für die Magie des Augenblicks und für die Geschenke, die das Leben für uns im Alltäglichen bereithält. Das sollten wir im Hinterkopf behalten, damit wir nicht erst im Rückblick das wertschätzen, was wir einmal hatten und was uns damals selbstverständlich schien. So, wie es die folgende Geschichte erzählt:

Die Kuh im Zimmer

Voller Verzweiflung suchte ein Mann seinen spirituellen Lehrer auf: »Ich brauche dringend Hilfe, sonst werde ich verrückt. Meine Frau und ich leben mit Kindern und Schwiegereltern in einem einzigen Raum. Wir sind mit unseren Nerven am Ende, wir brüllen uns permanent an. Es ist die Hölle.« – »Versprichst du, alles zu tun, was ich dir sage?«, fragte der Meister. »Ich schwöre, ich werde alles tun.« – »Gut. Wie viele Haustiere hast du?« – »Eine Kuh, eine Ziege und sechs Küken.« – »Nimm alle mit zu euch ins Zimmer. Dann komme in einer Woche wieder.« Der Mann war entsetzt, aber er hatte versprochen zu gehorchen. Also nahm er die Tiere ins Haus. Eine Woche später kam er wieder, ein Bild des Jammerns, und stöhnte: »Ich bin ein Wrack. Der Schmutz. Der Gestank. Der Lärm! Wir sind alle am Rande des Wahnsinns.« – »Geh nach Hause«, sagte der Meister, »und bringe die Tiere wieder nach draußen.« Der Mann rannte nach Hause und tat, wie ihm aufgetragen war. Am nächsten Tag kam er freudestrahlend zum Meister und berichtete ihm: »Wie schön ist das Leben! Die Tiere sind draußen. Der Raum ist ein Paradies – so ruhig und so sauber und so viel Platz.«

Wertschätzung ins Leben bringen

Wenn ich es jetzt nicht tue, wann dann?

HILLEL DER ÄLTERE

● **Tipp:** Machen Sie einander Geschenke
Verwöhnen Sie Ihren Partner hin und wieder mit einer Blume, einem kleinen Buch oder mit einem sinnlichen Massageöl als Geste Ihrer Wertschätzung. Auch Kleinigkeiten können das Herz weiten. Eine solche Geste öffnet uns und den anderen wieder für das Wesentliche.

● **Tipp:** Wertschätzen, was zum anderen gehört
Bekanntlich heiratet man die Familie des Partners mit. Aber nicht immer versteht man sich mit den Schwiegereltern oder den Geschwistern des Partners gut. Das kann für den Partner oder in dessen Familie und auch in unserer Beziehung nicht selten zu Anspannung führen. Sollten Sie die Familie Ihres Partners nicht mögen, so können Sie doch zumindest versuchen, sie als einen Teil Ihres Partners wertzuschätzen. Vielleicht haben Sie selbst Geschwister und sind froh, dass Ihr Partner sich mit Ihrer Familie gut versteht. Das Gleiche wünscht sich Ihr Partner vielleicht auch. Versuchen Sie deshalb, der Familie Ihres Partners etwas Positives abzugewinnen. Schließlich gäbe es ihn nicht ohne seine Eltern. Wertschätzen Sie seine Familie schon allein dafür. Es reicht, wenn Sie seiner Familie dafür in Gedanken Anerkennung und Wertschätzung zollen.

Zünden Sie für seine Familie vielleicht einfach ab und an eine Kerze an und schicken Sie ihr gute Gedanken oder wünschen Sie ihr etwa Gesundheit und Frieden.

●● **Tipp für Paare:** Den anderen wertschätzen
Setzen Sie sich mit Ihrem Partner zusammen und sagen sie einander nur die Dinge, die sie am anderen wertschätzen. Diese Übung festigt die Beziehung in guten Zeiten auf wundervolle Weise.

✧ **Krisenintervention:** Meditation des Mitgefühls
Besonders bei Auseinandersetzungen und in Krisenzeiten fällt uns die Wertschätzung des anderen besonders schwer. Durch die folgende buddhistische Meditation können wir uns wieder darauf einschwingen, den Partner wertzuschätzen. Dann fällt es uns leichter, das, was es zu lösen gilt, konstruktiv und effizient anzugehen.

- Finden Sie einen ruhigen Platz und setzen Sie sich in einer bequemen Position hin.
- Richten Sie sich an diesem Platz und zu dieser Zeit ein. Es gibt in diesem Moment nichts anderes zu tun, als Empathie und Mitgefühl für sich selbst und andere zu haben.
- Spüren Sie jetzt Ihr Herz und richten Sie Ihre Aufmerksamkeit auf sich selbst. Schauen Sie über all die Dinge hinaus, von denen Sie glauben, dass Sie sie mögen. Wenden Sie sich ganz dem menschlichen Wesen zu, das Schmerz und Leid fühlen kann, und wünschen Sie sich selbst etwas Gutes. Wiederholen Sie dabei stetig die folgenden Verse:

Möge ich erfüllt sein von Liebe.
Möge ich erfüllt sein von Zufriedenheit.
Möge ich erfüllt sein von Weisheit.

- Wiederholen Sie diese und die folgenden Verse zunächst nur für ein paar Minuten. Nach einiger Zeit können Sie diese Übung dann nach Belieben ausdehnen.

- Dehnen Sie jetzt Ihr Mitgefühl auf alles aus, was draußen lebendig ist – Pflanzen, Tiere und Menschen. Wie Sie selbst, so wollen auch diese nicht leiden. Öffnen Sie Ihr Herz und wünschen Sie ihnen Gutes, indem Sie die Verse wiederholen:

Mögest du erfüllt sein von Liebe.
Mögest du erfüllt sein von Zufriedenheit.
Mögest du erfüllt sein von Weisheit.

- Öffnen Sie jetzt Ihre Empathie für die Menschen, die Sie mögen. Schauen Sie über das hinaus, was Sie an ihnen mögen, und wenden Sie sich dem menschlichen Wesen zu, das atmet und Schmerzen haben kann. Wünschen Sie ihnen alles Gute, indem Sie die Verse wiederholen:

Mögest du erfüllt sein von Liebe.
Mögest du erfüllt sein von Zufriedenheit.
Mögest du erfüllt sein von Weisheit.

- Dehnen Sie jetzt Ihr Bewusstsein auf die Menschen aus, denen gegenüber Sie sich neutral fühlen: eine Ladenbesitzerin, ein Busschaffner, eine Nachbarin. Auch sie haben eine Geschichte, die sehr real für sie ist. Auch sie lieben und leiden. Wenden Sie sich ihnen nun der Reihe nach zu und wünschen Sie ihnen alles Gute, indem Sie die mitfühlenden Verse wiederholen:

Mögest du erfüllt sein von Liebe.
Mögest du erfüllt sein von Zufriedenheit.
Mögest du erfüllt sein von Weisheit.

- Bringen Sie nun Mitgefühl den Menschen entgegen, mit denen Sie Schwierigkeiten haben. Schauen Sie über das, was Sie an ihnen nicht mögen, hinaus – versuchen Sie es zumindest für die Zeit dieser Übung, auch wenn es vielleicht nicht einfach ist – und wenden Sie sich dem menschlichen Wesen zu, das genau wie Sie leidet, wenn es Schmerzen hat. Wünschen Sie ihm Gutes und wiederholen Sie im Stillen die Verse.

Mögest du erfüllt sein von Liebe.
Mögest du erfüllt sein von Zufriedenheit.
Mögest du erfüllt sein von Weisheit.

- Weiten Sie nun schließlich Ihr Bewusstsein noch einmal, öffnen Sie Ihr Herz und lassen Sie Ihre Fürsorge allen Menschen zukommen:

Mögen alle Wesen erfüllt sein von Liebe.
Mögen alle Wesen erfüllt sein von Zufriedenheit.
Mögen alle Wesen erfüllst sein von Weisheit.

Einander verzeihen

Traditionell beginnt die Arbeit des Herzens mit dem Vergeben. Verzeihen ist die Grundvoraussetzung jeder Heilung. Zuerst brauchen wir ein tiefes Verständnis von Verzeihen. Dann können wir uns an die Umsetzung machen und uns selbst und anderen gegenüber Nachsicht üben.

JACK KORNFIELD[2]

Wer in einer Paarbeziehung lebt, muss sich bewusst sein, dass Verletzungen innerhalb einer Partnerschaft unvermeidbar sind,

---

2   aus Jack Kornfield: Offen wie der Himmel, weit wie das Meer

selbst dann, wenn wir den Wunsch haben, unsere Liebe zum anderen immer in positiver Weise zum Ausdruck zu bringen. Aber gerade zu Beginn einer Beziehung passiert es oft unbewusst und unvermittelt, dass wir unseren Partner mit Worten, Gesten oder Handlungen verletzen. Woher sollen wir auch um all die Verletzungen wissen, die der andere in seiner Vergangenheit erlitten hat und die ihn so verwundbar machen? Und woher soll der andere wissen, dass es bei uns genauso ist? So passiert es selbst dann, wenn wir zu Beginn einer Beziehung frisch verliebt sind und den anderen mit unserer Liebe überschütten möchten, dass wir zwangsläufig irgendetwas sagen oder tun oder nicht sagen oder nicht tun, was dem anderen einen Stich ins Herz versetzt. Das ist ganz normal in jeder Partnerschaft! Und ebenso üblich ist es auch, dass wir im Zuge der Beziehung unseren Partner ganz bewusst verletzen, vielleicht weil er nach der Arbeit erst ins Fitnessstudio gegangen und anschließend nach Hause gekommen ist, wohlwissend, dass wir voller Sehnsucht auf ihn gewartet haben. Ober aber wir verletzen ihn bewusst, weil er uns verletzt hat – schließlich lernen wir uns im Laufe der Monate und Jahre so gut kennen, dass wir genau wissen, welche Worte, Gesten, Mimiken oder Handlungen den anderen tief treffen können. Dabei sind wir vielleicht über uns selbst erstaunt, wenn wir erkennen, wie tief wir einen Menschen, den wir lieben, verletzen können, und das, obwohl uns die Liebe zum anderen doch gleichzeitig das Allerwichtigste ist. Dazu müssen wir wissen: Wir sind wie alle Menschen und handeln deshalb auch immer wieder allzu menschlich, das heißt auch: allzu fehlerhaft.

Natürlich kann ein gewisses Maß an Achtsamkeit uns davor bewahren, den anderen bewusst zu verletzen. Aber selbst dann lassen sich Verletzungen nicht ausschließen, da zu unserem Partner sowie zu uns selbst die jeweiligen Persönlichkeiten mit jeweils unterschiedlichen Lerngeschichten gehören. Vor diesem Hintergrund kann man sich zwangsläufig im Kontakt und in der Kommunikation unabsichtlich missverstehen und verletzen. Bei Auseinandersetzungen und noch mehr in Krisen verletzen wir uns in der Regel am meisten, da wir uns – wenn wir nicht aufpassen – im Eifer des Gefechts gegenseitig hochschaukeln und den Partner verbal nicht selten unter der Gürtellinie treffen. All das ist natürlich und hängt damit zusammen, dass wir in der Partnerschaft am verletzlichsten sind, da wir uns dem anderen mit unserem Herzen in der Hand hingegeben haben und dadurch auch am verwundbarsten sind.

Gerade in heftigen Auseinandersetzungen oder länger andauernden Krisen entstehen häufig Kaskaden: Ein verletzendes Wort ergibt die unheilvolle nächste Beschimpfung. Der eigene Schmerz wird immer größer, und was in solchen Momenten noch schlimmer ist: Die Barrieren zwischen uns und unserem Partner werden durch jede weitere Verletzung immer unüberwindlicher. Beide Partner fühlen sich immer mehr verletzt – durch das, was ihnen der andere antut, und auch oft durch das, was sie an Leid nun selbst zufügen. Und ehe wir uns versehen, ist quasi unser Verletzungskonto voll, und wir halten das eigene Leid aufrecht und sind so mit den Verletzungen identifiziert, dass wir dabei vergessen, wie viel leidvolle, negative und destruktive Energie wir dadurch sammeln und konzentrieren, die uns wiederum von der Vollkommenheit und Schönheit des gegenwärtigen Moments abhält. Die folgende kurze Geschichte drückt dies auf drastische Weise aus: Zwei ehemalige Kriegsgefangene unterhalten sich:

»Hast du deinen Feinden vergeben?«, fragt der eine. Der andere antwortet vollkommen verbittert: »Das werde ich nie tun!« – »Nun«, entgegnet der Erste, »dann halten sie dich immer noch gefangen, nicht wahr?«

Das Festhalten an Verletzungen ist für eine langjährige Liebesbeziehung wie Gift. Wir halten an all den negativen Gefühlen und Empfindungen der Verletzung fest, sehnen uns nach Vergebung und, wenn wir diese nicht erhalten, nach Vergeltung.

Dabei erliegen wir einem großen Irrtum: Wir glauben, durch
jeden Vergeltungsschlag – ob verbal oder tätlich – die eigene
Verletzung auszulöschen. Dabei erkennen wir nicht, dass dadurch genau das Gegenteil passiert: Indem ich den Gegen-
schlag ausführe, bleibe ich nicht nur mit meiner empfundenen
Verletzung energetisch verbunden, sondern erhöhe das Leid –
und zwar um die Verletzung bei meinem Partner, die nun aber
bewusst durch mich verursacht worden ist. Wie aber können
wir die Kunst des Verzeihens erlernen, wenn wir vielleicht vor
lauter Identifizierung mit der Verletzung weder ein noch aus
wissen? Wie aber können wir erkennen, dass je tiefer eine Verletzung wirkt, ihre Wurzeln wahrscheinlich in unserer Vergangenheit liegen und mit dem Partner gar nicht so viel zu tun hat,
wie wir meinen? Wie können wir lernen, mit Verletzungen umzugehen, wenn sie immer wieder passieren, die kleinen Sticheleien, Ärgernisse und Spitzen?

Hinter das schauen, was verletzt

Alles verstehen heißt alles verzeihen.
Madame de Staël

Beim Vergeben geht es nicht darum, dass wir versuchen, diese
Spitze, die unser Partner uns zugefügt hat, bewusst klein zu machen oder so zu tun, als würden wir darüber stehen. Dies geschieht etwa, wenn wir uns selbst sagen, dass wir uns nicht so
anstellen sollen: das, was uns verletzt hat, sei so schlimm nicht.
Auch der Satz einer Freundin »Nimm dir das nicht so zu Herzen« kann uns manchmal zwar für einen Moment trösten, aber
wenn wir dem anderen nicht wirklich von Herzen vergeben
können, dann breitet sich die Verletzung in uns und auf die Beziehung aus wie ein Gift. Verzeihen meint auch nicht, scheinbar großzügig zu sein, selbst dann, wenn uns der Partner verbale
Tiefschläge versetzt hat. Dies passiert leicht, indem man sich

selbst etwa sagt: »Komm, schau einfach darüber hinweg und lass es so gut sein!« Verzeihen meint auch nicht, dass wir die Verletzung vergessen, obwohl wir sie gar nicht vergessen können und sie stattdessen nur verdrängen wollen. Alle diese scheinbar lobenswerten Mechanismen führen dazu, dass die hintangestellten Verletzungen nicht wirklich aufgelöst werden, sondern subtil in uns und auf die Liebe zu unserem Partner und die Beziehung weiterwirken. Dies tun sie zum Beispiel als Groll sich selbst und dem anderen gegenüber. Dann treten sie in Form ständiger Sticheleien oder verbaler Abwertungen oder Missachtungen seiner Wünsche und Bedürfnisse heraus und brechen beim nächsten Streit wieder auf, indem man sich auch wieder auf das beruft, was schon vergangen schien. Die Folge ist, dass die Distanz zwischen den Partnern bleibt und chronisch werden kann.

Die Kunst des Verzeihens hat zum Ziel, Verletzungen zu heilen. Und wie das Verheilen jeder körperlichen Wunde, so braucht auch das Verheilen von seelischen Verletzungen seine Zeit. Das Verzeihen können wir nicht erzwingen, und daher ist dies ein Prozess, der manchmal kürzer und manchmal länger dauern kann. Wenn es uns aber gelingt, unser Herz wieder zu öffnen, um dem anderen zu vergeben, dann vermag die Kunst des Verzeihens auch alte und tiefe Verletzungen zu heilen. Sie hat ein hohes Wachstumspotential, sowohl für den Einzelnen als auch für die Beziehung und – systemisch betrachtet – auch oft für die ganze Familie und manchmal sogar für die Gesellschaft, weil es wohl keinen Menschen gibt, der nicht in irgendeiner Form psychische Verletzungen erlitten hat und oftmals unwissentlich aus seinen Verletzungen heraus selbst verletzt. Dass es also wohl keinen Menschen gibt, der nicht verletzt worden ist, weiß die folgende Geschichte zu erzählen:

Ein Mensch ohne Verletzung

Nachdem Klaus von seiner Freundin verlassen worden war, war er so tief verletzt, dass er nie mehr eine neue Beziehung eingehen wollte. Er zog sich nach Indien in einen großen Ashram zurück, in dem Hunderte von Menschen wohnten und Tausende von Menschen zu Besuch kamen, um zu meditieren und die Lehren des Meisters zu hören.

Klaus ging mit seinen Verletzungen, die immer wieder aufs Neue Wut, Zorn, Traurigkeit, Selbstmitleid und Groll in ihm auslösten, zu dem Meister des Ashrams. Er war besonders wütend, dass gerade ihm so etwas passiert und gerade er so tief verletzt worden war. Er hatte seine Freundin so sehr geliebt und glaubte, dass es wohl auf der ganzen Welt keinen Menschen gebe, der so tief verletzt worden war wie er selbst. Klaus erhoffte sich, dass der Meister seinen Schmerz werde bannen können.

Der Meister lächelte und sagte: »Frage die Bewohner und Besucher des Ashrams und bringe mir eine Kerze von dem Menschen, der nicht irgendwann in seinem Leben zutiefst verletzt worden ist.« Voller Hoffnung begann Klaus, die Bewohner und Besucher des Ashrams zu befragen. Bald erkannte er, dass es wohl keinen einzigen Menschen geben würde, der nicht irgendwann verletzt worden war. Und er lernte noch mehr von diesen Menschen. Einige erzählten ihm, dass sie – obwohl sie selbst unter einer bestimmten Verletzung besonders gelitten hatten – genauso gehandelt und selbst auch andere Menschen verletzt hätten. So begab er sich zum Meister zurück und erzählte ihm von seiner Erfahrungen. Der Meister lächelte wieder und sagte: »Und nun gehe hin und frage die Menschen, was sie im Umgang mit ihrer Verletzung gelernt haben.«

Klaus ging wieder los, und schon bald wurde ihm bewusst, dass diejenigen, die er befragte, alle an der Auseinandersetzung mit ihrer Verletzung gereift waren. Nun begann auch er, sich intensiver mit der Verletzung und seiner persönlichen Geschichte zu beschäftigen. Nun verstand er, dass Verletzungen Teil des Lebens und insbesondere Teil einer Beziehung sind und es keinen

*Sinn hat, sich dagegen zu wehren. Und nach einiger Zeit gelang
es Klaus sogar, seiner Freundin innerlich zu verzeihen.*

Es bedarf der inneren Stärke und des Mutes, einander zu verzeihen. Der amerikanische Meditationslehrer Jack Kornfield sagt
es so: »Verzeihen hat nichts mit Schwäche und Sentimentalität
zu tun. Es erfordert Ehrlichkeit und Mut. Nur dadurch lässt sich
der ersehnte Frieden herbeiführen.«

Wenn wir uns konstruktiv mit unserem Partner auseinandersetzen und uns erklären lassen, warum genau er sich so
verletzt fühlt, dann erkennen wir, dass viele Verletzungen aus
der eigenen persönlichen Geschichte resultieren. Vielleicht gelingt es uns dann, entsprechend darauf zu reagieren und damit
umzugehen. So verlässt er beispielsweise wütend und wortlos
den Raum, als sie ihn zum wiederholten Male auffordert, den
Müll runterzubringen. Im klärenden Gespräch stellt sich heraus, dass er in ihren Worten den belehrenden Ton seiner Mutter hörte und sich von seiner Frau gemaßregelt fühlt wie einst
als kleiner Junge von seiner Mutter. Und wenn es uns möglich
wird zu erkennen, warum unser Partner uns – vielleicht aus
einer tiefen eigenen Verletzung heraus – verletzt hat, dann gelingt es uns vielleicht viel eher, ihm zu verzeihen und ihn in
seinem Wachstum zu unterstützen. Gelingt es uns, vollkommen
hinter die Verletzungen zu schauen, die uns ein Mensch angetan hat, dann erkennen wir meist, dass dieser Mensch selbst zutiefst verletzt worden ist. Aber eine solche Herangehensweise
braucht natürlich sehr viel Weisheit. Dass es diese Weisheit
geben kann, zeigt die folgende Geschichte:

Die vollkommene Vergebung

*Ein vierzehnjähriger Junge wurde inhaftiert, weil er einen un-
schuldigen Teenager umgebracht hatte, um in einer Gang auf-
genommen zu werden. Bei der Gerichtsverhandlung war die
Mutter des Opfers anwesend und wurde Zeugin, wie der Jugendliche zu mehreren Jahren Haft verurteilt wurde. Nach der*

Urteilsverkündung ging sie zu ihm hin und sagte: »Ich bringe dich um.« Nach mehreren Monaten begann die Mutter, dem Mörder regelmäßig Briefe zu schreiben, und später, ihn in unregelmäßigen Abständen zu besuchen. Er hatte vor seiner Inhaftierung auf der Straße gelebt, und sie war die Einzige, die ihn besuchte. Jedes Mal gab sie ihm am Ende ihres Besuches etwas Geld für Zigaretten und brachte ihm später auch Geschenke mit. Gegen Ende seiner Haftstrafe fragte sie ihn, was er nach seiner Entlassung tun werde. Er wusste es nicht, sodass sie ihm anbot, in der Firma ihres Bruders zu arbeiten und bei ihr einzuziehen. Er willigte ein, wohnte bei ihr und arbeitete bei ihrem Bruder. Eines Abends bat sie ihn zu einem Gespräch und sagte: »Kannst du dich daran erinnern, dass ich dir gesagt habe, dass ich dich umbringen werde?« – »Ja«, antwortete der junge Mann, »ich denke jeden Tag daran.« – »Nun« sagte sie, »ich habe Wort gehalten. Ich wollte nicht, dass der Junge, der meinen Sohn grundlos umgebracht hat, am Leben bleibt. Deshalb habe ich dich besucht und beschenkt. Deshalb habe ich dir Arbeit besorgt. Das hat dich verändert. Und nun gibt es den Mörder meines Sohnes nicht mehr. Da es nun meinen Sohn und seinen Mörder nicht mehr gibt, möchte ich dich fragen, ob du hier bleiben möchtest. Hier ist genug Platz. Und wenn du einverstanden bist, werde ich dich adoptieren.« Durch ihr Verzeihen wurde sie für den Mörder ihres Sohnes zu der Mutter, die er nie gehabt hatte.[3]

Loslassen, trauern und in Einklang bringen

Um einander zu verzeihen, braucht es drei Dinge: den Mut loszulassen, die Fähigkeit zu trauern und den Wunsch, die Dinge wieder in Einklang zu bringen, die durcheinandergebracht wurden. Gelingt uns dieser Dreischritt, dann können Verletzungen, die in der Partnerschaft passiert sind, heilen, und die

---

3 Vgl. Jack Kornfield: Offen wie der Himmel, weit wie das Meer, S. 50 ff.

Beziehung kann wieder konstruktiv und leicht werden. Darüber hinaus bietet der Dreischritt beiden Partnern die Chance,
das Leid, das entweder einem oder beiden durch Verletzungen
zugefügt worden ist, aufzulösen. Und noch ein weiteres Geschenk beinhaltet die Fähigkeit, einander zu verzeihen: Sie ermöglicht uns darin und danach – jeder für sich und beide miteinander –, mehr und mehr in die Präsenz und damit in den
gegenwärtigen Moment zu kommen. Loslassen beinhaltet auch
Seinlassen, das heißt wahrzunehmen, was ist. Indem wir uns so
also bewusst machen, was genau uns verletzt hat, gestehen wir
uns unsere eigene Verletzlichkeit ein. Indem wir sie uns eingestehen, bleibt einerseits das Wissen um das, was geschehen ist –
das Gegenteil also von Vergessen, Übergehen und von falscher
Großzügigkeit –, und andererseits können nun Widerstände,
Groll, Ängste, Enttäuschungen und Projektionen quasi abflie-
ßen. Dort, wo Leid war, entsteht durch das Loslassen ein Vaku-
um, das sich nun mit dem Gegenteil von Leid wieder anfüllen
kann. Loslassen bringt das Herz und den Geist und auch den
Körper dazu, sich selbst, dem anderen und der Beziehung wieder zu öffnen. Je mehr wir also bereit sind, von unseren Verletzungen loszulassen, und je tiefer dieses Loslassen ist, desto mehr
lassen wir auch all die Identifikationen mit Verletzungen aus
der Vergangenheit los. Und wir lassen dann auch die mit Verletzung einhergehenden Gefühle, wie etwa Selbstmitleid und
Ohnmacht, los.

Der zweite Schritt, das Trauern, bedeutet, den Schmerz zuzulassen, der auftaucht, wenn wir das Geschehen so wahrnehmen,
wie es ist. Bereits in dem Moment, in dem wir uns ganz für die
Erfahrung des Schmerzes öffnen, sind wir schon dabei, ihn zu
verarbeiten. Denn dann werden wir uns besonders der eigenen
Hilflosigkeit und unserer Verletzlichkeit bewusst. Dann können wir uns vielleicht auch eingestehen, dass wir den Partner,
nachdem wir uns durch ihn verletzt gefühlt haben, im Gegenzug ganz absichtlich verletzten, weil wir uns so hilflos fühlten.

Oder wir erkennen, dass wir unseren Partner im Gegenzug genauso verletzt haben und ihm hier in keiner Weise nachstehen. Dadurch werden wir vielleicht mit einer Seite von uns bekannt, die wir bis dahin nicht kannten oder nicht wahrhaben wollten. Und wir können plötzlich merken, dass wir, so tief wir auch lieben können, auch gleichzeitig tief verletzen können. Eine solche Einsicht kann uns natürlich sehr traurig machen. Trauern bei der Kunst des Verzeihens beinhaltet auch, das wir alles, was ist, da sein lassen, um es dann loslassen zu können. Somit ist das Trauern selbst, wie lange es dauern mag, gleichsam eine Station im Prozess des Loslassens.

Der nächste Schritt, das In-Einklang-Bringen, bedeutet, dass wir dem anderen wieder die Hand reichen und uns mit ihm vertragen. Dazu braucht es die Bereitschaft, Wohlwollen dem Partner gegenüber und die Anerkennung, dass ich selbst verletzt habe. Außerdem ist es nötig, den anderen um Verzeihung zu bitten und den Mut aufzubringen, dem anderen zu sagen, dass ich mich verletzt fühle. Mit Wohlwollen ist gemeint, dass ich mir zunächst fest vornehme, mit dem anderen trotz der Verletztheit wieder auskommen zu wollen. Dabei richte ich den Blick auf die Liebe und in die gemeinsame Zukunft und unterlasse es dabei, dem Partner immer wieder unterzujubeln, wie verletzt ich bin. Anerkennen, dass ich verletzt habe, meint, dass ich dem anderen aufrichtig sagen kann, dass ich ihn verletzt habe. Dabei ist es wichtig, dass ich mir bewusst mache, wie sehr oder tief meine Worte oder mein Tun den anderen verletzt haben und dass ich dieses auch zugebe und anerkenne, anstatt zu versuchen, die Verletzung herunterzuspielen. Ist es mir darüber hinaus noch möglich, mich in die Lage des anderen zu versetzen, dann werde ich auch die Wucht der Verletzung anerkennen können. Wenn wir den anderen um Verzeihung bitten, dann sollten wir dies aufrichtig und von ganzem Herzen tun und auch nur dann, wenn wir es wirklich aufrichtig meinen. Nur um des lieben Friedens willen oder wenn wir selbst nicht genau verstehen, was den anderen so verletzt hat, oder wenn wir es selbst nicht ehrlich meinen, sollten wir nicht um Verzeihung bitten. Genauso wichtig ist es natürlich umgekehrt, dass wir dem anderen sagen, was genau uns verletzt hat, ohne ihm Vorwürfe zu machen, sondern basierend auf dem Gefühl der Liebe und dem Wunsch, zusammen mit dem anderen weiterzugehen und zu wachsen.

Verzeihen ins Leben bringen

Der Schwache kann nicht verzeihen.
Verzeihen ist eine Eigenschaft des Starken.
MAHATMA GANDHI

●● **Tipp für Paare:** Zeige deine Wunde
Gehen Sie gemeinsam auf Entdeckungsreise und erforschen Sie liebevoll, achtsam und wertschätzend Ihre Verletzungen. Betrachten Sie hierzu zum Beispiel mit etwas Abstand Ihren letzten Streit. Erzählen Sie einander, was Sie besonders verletzt hat. Wenn Sie zuhören, dann brauchen Sie sich weder zu verteidigen noch zu rechtfertigen, sondern versuchen Sie einfach, Ihrem Partner möglichst viel Verständnis für seine Verletzung entgegenzubringen. Vielleicht finden Sie die tiefer liegende Ursache für sein Verletztsein in seiner persönlichen Geschichte. Verzeihen Sie dann einander.

●● **Tipp für Paare:** Offen und ehrlich zueinander sein
Erzählen Sie sich von den tiefsten Verletzungen, die Sie im Laufe Ihres Lebens erfahren haben. Hören Sie einander einfach nur offen zu.

●● **Tipp für Paare:** Das Paradox – Seien Sie verletzt, aber lachen Sie später auch über sich!
Klären Sie die Verletzung mit Ihrem Partner. Aber versuchen

Sie, wenn die Welt wieder in Ordnung ist, auch einmal das Ganze mit etwas Abstand und mit etwas Humor zu betrachten. Es ist nämlich äußerst wohltuend, wenn wir lernen, uns selbst mit etwas Abstand zu betrachten. Wenn es uns gelingt, darüber zu lachen, wie kindisch wir uns vielleicht wieder einmal verhielten, als wir uns stritten; wie bockig wir waren, als der andere uns um Verzeihung bat; wie eingeschnappt wir waren, als der andere uns unwissentlich verletzte, dann haben wir gute Chancen für eine glückliche Beziehung.

◎ **Kontemplation:** Die drei Wege der Vergebung
Nach der folgenden buddhistischen Meditation praktiziert man die Vergebung in dreierlei Weise. Den Praktizierenden würde man in einem buddhistischen Kloster auffordern, diese Meditation viele Hundert Male zu wiederholen, bis sie zu einer Selbstverständlichkeit geworden wäre.

- Nehmen Sie eine aufrechte Sitzhaltung ein, schließen Sie die Augen und entspannen Sie sich körperlich und geistig.
- Versuchen Sie nun zuerst, sich mit Hilfe Ihres Atems zu sammeln. Atmen Sie dann weiter und tiefer in Ihren Körper ein und aus. Versuchen Sie dabei, mit Hilfe Ihrer Atmung innerliche Blockaden aufzuspüren. Versuchen Sie also, die Gefühle, die blockiert sind, weil Sie sich selbst und anderen nicht vergeben haben, wahrzunehmen.
- Wenn Sie Schmerz oder Trauer im Bereich der Blockaden wahrnehmen, so lassen Sie diese zu.
- Atmen Sie ruhig weiter und wiederholen Sie die folgenden Texte, während Sie dabei alle aufkommenden Bilder und Gefühle wahrnehmen, zulassen und tiefer werden lassen.

1) Andere um Vergebung bitten:

- Ich habe andere Menschen in vielfacher Weise verletzt, sie verraten, im Stich gelassen und ihnen auf unterschiedlichste Weise geschadet. Ich habe sie aus Wut, Verwirrung, Angst und Kummer unbewusst oder bewusst verletzt.

Lassen Sie alles zu, was in Ihnen aufsteigt, wenn Sie sich diesen Satz immer wieder innerlich vorsprechen. Vergegenwärtigen Sie sich dabei, wie Sie andere Menschen verletzt haben. Machen Sie sich die Verletzungen bewusst, die Sie dem anderen aus Verzweiflung, Angst und Verwirrung zugefügt haben. Und lassen Sie auch das Bedauern darüber zu. Sagen Sie sich auch ganz bewusst, dass Sie diesen Schmerz und diese Last loswerden können, wenn Sie um Verzeihung bitten. Solche tiefen und schmerzvollen Erinnerungen zuzulassen braucht seine Zeit. Nehmen Sie sich diese, und wer immer Ihnen dabei in den Sinn kommt, zu dem sagen Sie innerlich oder laut:

- Ich bitte um Entschuldigung. Bitte vergib mir.

2) Sich selbst vergeben:

- So wie ich anderen Menschen Leid zugefügt habe, so habe ich auch mich selbst auf unterschiedlichste Weise verletzt. Ich habe mich selbst bewusst und unbewusst in Gedanken, Worten und Taten viele Male verletzt, verraten und aufgegeben.

Lassen Sie auch hier alles zu, was in Ihnen aufsteigt, während Sie diesen Satz immer wieder innerlich aussprechen und wiederholen. Betrachtet Sie die Bilder, die aufsteigen und Ihnen zeigen, auf welche Weise Sie sich selbst geschadet haben und wie genau Sie sich selbst verletzt haben. Vergegenwärtigen

Sie sich diese Situation und öffnen Sie sich für das Bedauern und den Schmerz, den Sie empfinden, wenn Sie erkennen, wie hart und verletzend Sie sich selbst gegenüber waren. Sagen Sie sich, dass Sie diese Last loswerden können. Verzeihen Sie sich dazu der Reihe nach jede Wunde, die Sie sich selbst zugefügt haben. Sagen Sie innerlich immer wieder zu sich selbst:

- Dass ich mich selbst durch meine Gedanken, Taten, Angst, Pein und Verwirrung in vielerlei Hinsicht verletzt habe, verzeihe ich mir von ganzem Herzen.

3) Anderen vergeben, die einen verletzt haben:

- Man hat mich auf verschiedene und vielfältige Weise durch Gedanken, Worte und Taten wissentlich oder unwissentlich verletzt, mich ausgenutzt, verleugnet, betrogen oder im Stich gelassen.

Jeder Mensch ist irgendwann betrogen worden. Vergegenwärtigen Sie sich, wie häufig diese Aussage auf alle Menschen zutrifft, die Sie kennen. Nehmen Sie ganz bewusst das Leid wahr, das Ihnen zugefügt worden ist. Stellen Sie sich nun vor, dass Sie diese schwere Last loswerden können, wenn Sie dem anderen verzeihen. Sagen Sie sich innerlich immer wieder:

- Ich erinnere mich an die zahlreichen Situationen, in denen mich andere Menschen aus Angst, Schmerz, Unsicherheit, Wut und Verwirrung verletzt haben. Ich habe darunter lange genug gelitten. Nun vergebe ich den anderen, so gut ich kann. Ich verzeihe meinen Peinigern. Ich vergebe ihnen.

Wiederholen Sie die drei Wege der Vergebung so lange, bis Ihnen leichter ums Herz geworden ist. Lassen Sie alles auftauchen, was auftauchen mag, wie groß auch immer der Schmerz ist, der sich Ihnen zeigen möchte. Versuchen Sie, sich nicht gegen die Gefühle zu sträuben, sondern nehmen Sie einfach die Gefühle der Ohnmacht, Wut und Verletztheit wahr, die in Ihnen aufsteigen.

Je regelmäßiger Sie diese Übung in Ihrem Alltag machen, desto leichter wird es Ihnen fallen, sich selbst und dem Partner zu verzeihen und sich gemeinsam wieder der Fülle und Leichtigkeit zuzuwenden.

● **Tipp:** Auf den anderen zugehen

Manchmal sind wir so verletzt, dass es uns schwerfällt, wieder auf den anderen zuzugehen. In einer Beziehung, die von Liebe getragen ist, haben Sie aber nichts zu verlieren, wenn Sie den ersten Schritt tun. Denn es bedeutet nicht, dass Sie Ihre eigene Position oder Ihre eigenen Werte aufgeben müssen. In Liebe auf Ihren Partner zuzugehen führt schon dazu, dass all die Erstarrungen, all die Zweifel und auch die Distanz überwunden werden, die sich manchmal durch eine Verletzung einschleichen. Vielleicht beginnen Sie damit, dass Sie sich zuerst einmal nur vorstellen, dass Sie auf Ihren Partner zugehen. Wenn Sie sich in Gedanken zu Ihrem Partner hinbewegen können und dabei wieder mit der Liebe in Kontakt gekommen sind, dann versuchen Sie, mit dieser Liebe in Kontakt zu bleiben und tatsächlich wieder auf ihn zuzugehen.

◇ **Krisenintervention:** – ohne viel Worte

Wie wir wissen, braucht es Zeit, die Verletzung wahrzunehmen und zu verarbeiten, sodass wir uns meist nicht sofort mit dem Partner darüber austauschen können. Wenn Sie sich in einer solchen Phase befinden, können Sie als Zwischenschritt etwas gemeinsam unternehmen, also ins Kino gehen oder ein Konzert besuchen. Machen Sie etwas zusammen, bei dem Sie nicht miteinander reden müssen, aber etwas Schönes zusammen erleben. Versuchen Sie, sich währenddessen ganz für das schöne Erlebnis zu öffnen. Das kann Ihnen möglicherweise helfen, etwas

Abstand zu der Verletzung zu bekommen. Außerdem stellt eine solche Aktivität auch eine gute Basis dafür dar, sich nonverbal wieder näher zu kommen.

Teil 2

Leben, lieben
und sein

Im Sein sind Liebende/r und Geliebte/r eins.
Das Werden ist im Sein Nicht-Zwei.

Es ist der Geliebte, der sich mit dem Liebenden vereint.
Es ist das Meer, das den Tautropfen zu sich holt.

Die Urerfahrung des Nicht-Alles
Ereignet sich manchmal wie ein Donnerschlag
aus heiterem Himmel –
und manchmal kaum spürbar, verborgen fast,
wie die Dämmerung, wenn der Tag anbricht.
Immer ist sie einzigartig, unvorhersehbar,
unvorstellbar.

Die Essenz der Urerfahrung ist,
dass es kein Ich und Mein gibt.
Niemand geht nirgendwo hin.
Es ist die große Befreiung.

ANNETTE KAISER[4]

4 Annette Kaiser: Manifest der Liebe, VII

Die Magie im Gewöhnlichen wiederentdecken

Die größte Schönheit entsteht,
wenn niemand mehr da ist, der etwas tun will.
Ohne den Maler entsteht die wirkliche Kunst.
Ohne den Musiker echte Musik.
Es geschieht selten,
meist stellen wir uns in den Weg.

SAMARPAN

In der Werbung ist die Stimmung zwischen zwei Partnern immer gut, fröhlich und ausgelassen, selbst dann noch, wenn es ums Abspülen, Rasenmähen oder Wäschewaschen geht. Das führt dazu, dass wir rasch glauben, auch bei uns sollte es immer so sein. Weiter wird uns suggeriert, dass das Leben als Paar aus einer Aneinanderreihung von unvergesslichen Erlebnissen bestehen könnte, wie aus spontanen Trips in Großstädte, aus Besuchen aufregender Open-Air-Konzerte, aus entspannenden Wellness-Wochenenden oder aus vielen perfekten Abendessen zu zweit in romantischen Restaurants. So sind wir schnell dazu verführt zu glauben, dass wir nur dann wirklich leben, wenn diese Dinge auch bei uns stattfinden. Umgekehrt erfahren wir unseren Beziehungsalltag daher ohne solche Höhepunkte rasch als grau, langweilig und öde.

Bleiben wir an der Vorstellung einer Partnerschaft im Superlativ hängen, merken wir nicht, dass es nicht immer die äußeren Kicks braucht, um das Aufregende und Erfüllende mit unserem Partner zu erleben, sondern dass es gerade die stillen Momente in vollkommener gegenseitiger Präsenz mit dem Partner sein können, in denen wir uns in die Liebe und in die Partnerschaft hinein entspannen, besonders dann, wenn wir den Partner gut kennen, ihm vertrauen und in seiner Gegenwart ganz wir selbst sein können. Leider haben wir in den meisten

Fällen nicht gelernt, uns selbst genug Zeit zu nehmen, um uns allein und auch als Paar im Alltag immer wieder zu entspannen. Wir haben auch oft nicht gelernt, oder wieder verlernt, sowohl für uns allein als auch als Paar immer wieder auf uns selbst zu achten und zu schauen, wo wir gerade stehen, was wir empfinden, denken, brauchen und fühlen. Und gleichzeitig können wir nur so wirklich eine gesunde und glückliche Partnerschaft führen. Tatsächlich laufen wir im Alltag rasch Gefahr, uns über den Stress, die Arbeit und die Anforderungen zu definieren und dann, wenn es uns zu viel wird, uns darüber besonders beim Partner zu beklagen. So passiert es schnell, dass wir Tag für Tag in Gegenwart unseres Partners vor allem stöhnen, klagen und meckern, dass uns alles über den Kopf wächst und wir nicht mehr zurechtkommen. Einmal gefangen in diesem Strudel, fangen wir zwangsläufig an, uns dann vermehrt mit unserem Partner zu streiten und uns den Blick für Achtsamkeit, Dankbarkeit, Wertschätzung und Einander-Verzeihen immer mehr zu verstellen. Der Alltag, der das Leben eigentlich ausmacht und in dem wir uns wohl und lebendig fühlen sollten, wird uns zur Last und zum Leid. Die Welt des Habens hat uns in diesen Zeiten gut im Griff, und wir finden nicht mehr ohne weiteres den Zugang zum Sein. Hier gilt es umzulernen und uns durch Zeiten der Entspannung von jeglichen Anforderungen zu distanzieren. Dazu bedarf es etwas, was in unserer schnelllebigen Zeit vollkommen aus der Mode gekommen ist: Geduld mit sich selbst und mit dem Partner. Gern erzähle ich hier folgende Geschichte, um zu illustrieren, dass bei Ungeduld der Schuss nach hinten losgeht:

Die Geschichte vom Weizen

Einmal kam Felix zu spät zum Essen nach Hause. Seine Freundin fragte ihn: »Wieso kommst du zu spät?« Da sagte er: »Ich habe dem Weizen beim Wachsen geholfen.« – »Gut«, antwortete sie, und nach dem Essen gingen sie auf das Feld hinaus, und siehe da, der ganze Weizen war verdorrt. Was hatte Felix gemacht? Er war sehr fleißig durch alle Reihen gegangen und hatte überall an den Weizenhalmen gezogen, um ihnen beim Wachsen zu helfen.

Die Geschichte zeigt, wenn wir sie auf uns selbst übertragen, dass es völlig kontraproduktiv ist, wenn wir versuchen, Entwicklungen innerhalb der Beziehung voranzutreiben oder von heute auf morgen aus einem gestressten Alltag auszusteigen, um nur noch entspannt und locker zu leben. So schnell geht es einfach nicht. Wir brauchen besonders mit uns – wie der Weizen – unsere Zeit, bis es uns dann ganz natürlich gelingt, Zeiten des bewussten Lebens, der bewussten Liebe und des bewussten Seins in unseren Beziehungsalltag zu reservieren und zu leben. In meiner Praxis erlebe ich immer wieder, wie sehr manche Klienten unter ihrer eigenen Ungeduld leiden, weil es ihnen nicht sofort gelingt, ihr Wissen darüber, wie notwendig Entspannung für ihr Leben und für ihre Beziehung ist, auch in ihrem Alltag und in ihrer Partnerschaft dauerhaft umzusetzen. Gerne gebe ich diesen Klienten dann zum Thema Geduld folgendes Rätsel auf: »Wissen Sie, was der Unterschied zwischen einem weisen und einem nicht so weisen Menschen ist?« – »Der Weise steht immer wieder auf!« Diese bildliche Lösung erleichtert viele und vermittelt ihnen das Vertrauen, dass auch sie, in ihren Augen zwar zu langsam, aber dennoch Schritt für Schritt und damit stetig vorwärtskommen. Es gibt ihnen Hoffnung, etwas Maßgebliches – nämlich zu leben, zu lieben und zu sein – für sich und ihre Beziehung erlernen zu können. Und dieses Lernen kann auch und gerade dann stattfinden, wenn sie und die Partnerschaft unter den Anforderungen des Alltags zu ersticken drohen oder wenn sie sich in Auseinandersetzungen oder Krisen befinden.

Besonders profitiert eine Beziehung davon, wenn wir folgende Aspekte gemeinsam einführen und gemeinsam kultivieren: gemeinsam zu entschleunigen, anstatt zu beschleunigen, gemeinsam zu staunen, anstatt am Leben vorbei zu schauen, einander zu lieben, anstatt einfach nur Sex zu haben, und miteinander zu reden, anstatt aneinander vorbei zu reden. Nehmen wir diese Punkte in einer Partnerschaft jeweils als eine Herausforderung und als eine Wachstumsmöglichkeit an, können wir im ganz Gewöhnlichen, im ganz Normalen auf das Besondere stoßen und damit die Magie im Gewöhnlichen wiederentdecken.

Gemeinsam entschleunigen

*Du hast eine Verabredung mit dem Leben, und diese
findet im gegenwärtigen Augenblick statt.
Wenn du diesen Augenblick verpasst,
verpasst du deine Verabredung mit dem Leben.*

THICH NHAT HANH

Dass es für viele Menschen so schwierig ist, eine entspannte Partnerschaft zu leben, hängt mit dem hohen Tempo des Alltags zusammen. Bevor wir uns versehen, ist der Tag, die Woche oder das Jahr vergangen. Die Jahre verstreichen, die Kinder werden groß, und das Leben scheint in Riesenschritten an uns vorbeizueilen. Wir glauben, dass wir nur durch ein hohes Tempo in unserem Alltag mithalten können, was aber im Grunde über ein gesundes und natürliches Maß hinausgeht. Auch wenn uns ein hohes Tempo manchmal oder phasenweise ein gehobenes Lebensgefühl vermittelt, so ist es doch mittel- und langfristig ungesund und destruktiv für uns selbst und für unsere Partnerschaft. Eine gesunde Partnerschaft, bei der die Liebe vorhanden ist, lebt wirklich aus dem Sein heraus: Sie IST einfach! Und weil sie einfach ist, bedarf sie keiner Leistung, keiner Anstrengung, keiner Anerkennung, keiner Perfektion. Partnerschaft ist also dem, wie wir unseren Alltag zumeist führen, diametral entgegengesetzt.

Wenn wir um dieses scheinbare Paradox wissen, können wir über die Entschleunigung die Beziehung als einen Ort oder als einen Raum erleben, der uns so sein lässt, wie wir sind. Wenn wir die Beziehung als eine Insel ansehen, die uns in den Stürmen des Lebens Rückzug bietet, aufbaut und nährt, dann können wir der Beschleunigung, die unseren Alltag aus dem Leistungsdenken unserer Gesellschaft heraus steuert, ruhiger und gelassener begegnen. Dann macht uns unsere Liebe schöner und hilft uns, selbst wieder Energie zu sammeln und zu uns selbst zu kommen sowie unsere Partnerschaft lebendig zu halten. Wenn wir langsamer werden, sozusagen entschleunigen, kommen wir aus dem Zustand heraus, in welchem wir müde, lustlos, demotiviert, unleidig, zänkisch, frustriert und träge sind. Stattdessen kommen wir in einen Zustand hinein, in dem wir uns wieder als vital, optimistisch und sinnlich sowie dem Leben und dem Partner wieder zugewandt erfahren können.

Erst wenn wir wirklich entspannen, abschalten und unser Tempo reduzieren, können unsere Lebensgeister wieder erwachen und kann unsere Libido wieder wahrhaft erweckt werden. Erst dann können wir uns wieder wirklich fühlen, schmecken und riechen, und erst dann können wir wieder von Herzen lachen und den Partner aus der Tiefe heraus wahrnehmen. Und wenn wir richtig entspannt sind, wollen und können wir wieder anknüpfen an das, was wir in unserer Partnerschaft in der Vergangenheit genossen haben oder in den Ferien mit unserem Partner ganz leicht genießen können: einander bei einem Glas Wein zuhören, zusammen meditieren, spontan romantisch essen gehen oder eine skurrile Bar oder eine hochkarätige Kunstausstellung zur Abendöffnungszeit besuchen. Oder wir gehen einfach ins Kino.

Die Möglichkeiten des Miteinanderseins werden, wenn wir entschleunigen und so wieder zu uns und in die Partnerschaft kommen, so vielfältig, so bunt, so wunderbar wie das Leben selbst. So werden wir ohne große Anstrengung wieder offen für den Moment und können empfinden, wie reich das Leben und die Liebe ist. Wir werden wieder dankbar für die Fülle des Augenblicks und auch für die Empfindung, wie wenig wir eigentlich brauchen, um uns wohl zu fühlen. So denken wir uns etwa, bevor wir abends nebeneinander einschlafen, wie froh wir sind, dass wir mit unserem Partner unser Leben teilen und morgens neben ihm aufwachen. Und nicht selten erleben wir dann, wie punktuell uns die materielle Welt nur zufrieden machen kann. Sosehr unser Herz an Materiellem auch hängen mag und so erfolgreich wir auch sein mögen: Muße, innere

Schönheit, Sinnlichkeit, absichtslose Zärtlichkeit und tiefe Gespräche können wir einfach nicht kaufen. Wir können all dies nur als Geschenk erhalten.

Aus dem Hamsterrad aussteigen

Wenn du keine Zeit hast, nimm sie dir.
ASIATISCHE WEISHEIT

Entschleunigen im Alltag heißt, aus dem Hamsterrad kurzfristig zum eigenen Wohl und zum Wohl übrigens auch der Gesellschaft auszusteigen. Was nutzt ein kranker Arbeitnehmer dem Unternehmen? Was nutzt ein Partner, der sich abarbeitet, dem anderen? Was nutzt mir eine kaputte Gesundheit? Osho sagte sinngemäß, dass Pausen leistungsfähiger machen. Diese Sichtweisen und Aussagen ermuntern, sich diesen scheinbaren Luxus, auf ein natürliches Tempo zurückzukehren, zu leisten, der eigentlich kein Luxus ist, sondern eine Notwendigkeit. Auf das rechte Maß zu achten, sind wir im Grunde uns, dem Partner und auch dem Leben schuldig.

Meiner Erfahrung nach ist es eigentlich einfach, mit der Entschleunigung zu beginnen. Und trotzdem lernen die Menschen häufig erst, ihr Tempo zu reduzieren, wenn sie gesundheitlich dazu gezwungen werden. Immer wieder sehe ich in meiner Praxis Menschen, die aufgrund etwa einer Kombination von körperlichen und psychischen Symptomen krankgeschrieben werden oder denen ich rate, sich jetzt krankschreiben zu lassen, weil sie das rechte Maß aus unterschiedlichsten Gründen so chronisch überschritten haben, dass sie ihre Gesundheit ernsthaft gefährden. Dann erst wenn und indem sie regenerieren, lernen sie wieder, was es heißt, zu entschleunigen und zu sich selbst zu kommen, und den Wert darin zu erkennen. Wenn sie diesen Wert wiederentdeckt haben, fangen sie an zu gesunden. Oft passiert es aber auch, dass Menschen mit der

Entschleunigung bis zur Rente warten, mit der Absicht, sich dann einen wirklich entspannten Lebensabend zu machen. Manchmal aber verläuft das Leben leider ganz anders als gewünscht, sodass es dann nicht mehr dazu kommt.

Ein Klient freute sich auf seinen Ruhestand. Sein ganzer Fokus war nur darauf gerichtet, und alle Pläne wurden für ein Leben in der Rente geschmiedet. Von heute auf morgen erkrankte er an Leberkrebs und starb kurz darauf.

Ähnlich wie jener Klient sind viele Paare damit beschäftigt, nur im Alltag zu funktionieren und für die Zukunft zu sparen. Dadurch versäumen sie die Magie des Augenblicks. Das Leben ist jeden Augenblick gegenwärtig und will gelebt werden. Und abgesehen davon darf das Leben und die Partnerschaft auch Freude machen! Wir müssen nicht nur leisten und für alles hart arbeiten. Natürlich müssen für eine gute Partnerschaft auch beide etwas tun. Doch braucht es oft nur kleine Kurskorrekturen, damit eine Partnerschaft wieder entspannt und lebendig wird und damit auch spielerisch bleibt. Was damit gemeint ist, erzählt die folgende Geschichte:

Leela – das Leben ist ein Spiel

Klaus arbeitete hart an sich selbst und an seiner persönlichen und spirituellen Entwicklung. Und Gleiches forderte er auch von seiner Freundin. Um sich spirituell weiterzuentwickeln, besuchte er auch immer wieder bekannte Gurus und Yogameister. Einmal ging er zu einem Yogameister, der für seinen Humor und seine Lebensfreude bekannt war. Dieser bezog sich in seinem Vortrag auf die hinduistische Auffassung, die besagt, dass die ganze Schöpfung ein Spiel Gottes, »Leela« auf Sanskrit, und das Universum dementsprechend der Spielplatz Gottes sei. Das Ziel der Spiritualität, so meinte der Yogameister, bestehe darin, alles im

Leben zu einem Spiel zu machen. Dies erschien Klaus zu frivol und zu leichtfertig dahingesagt. »Das Leben ist aber doch da, um seine Lektionen hart zu erarbeiten. Ist denn in dem hinduistischen Weltbild kein Raum zum Arbeiten da?«, fragte er sichtlich entsetzt. Der Yogameister antwortete: »Selbstverständlich ist einer da. Aber Arbeit wird nur dann spirituell, wenn sie sich in Spiel verwandelt.«

Betrachten Sie daher das Leben doch bewusst ab und an als Spiel! Dann werden Sie sich innerlich vielleicht auch leichter tun, zu entschleunigen. Sehen Sie deshalb die unten aufgeführten Tipps einmal spielerisch, damit Sie und Ihr Partner die Magie des Augenblicks neu entdecken können.

Entschleunigung ins Leben bringen

Lasst Lachen und geteilte Freude
die Süße eurer Freundschaft sein.
Denn im Tau der Kleinigkeiten
findet das Herz seinen Morgen und wird erfrischt.

Khalil Gibran

● **Tipp:** Die Magie des Augenblicks genießen
Versuchen Sie, sich ein wenig von der Spontaneität und Ausgelassenheit Ihrer Anfangszeit miteinander zurückzuerobern: Buchen Sie als Überraschung eine Nacht in einem romantischen Hotel, packen Sie einen Picknickkorb und entführen Sie Ihren Partner an einem schönen Sommerabend an einen nah gelegenen See oder in einen Park. Versuchen Sie, sich immer wieder etwas Neues einfallen zu lassen, mit dem Sie Ihren Partner überraschen. Und tauchen Sie dann ein in das Sein. Machen Sie es sich aber nicht so einfach wie in der folgenden Geschichte:

Die vertauschten Sessel

Nach dreißig Jahren Ehe, die das Paar fast jeden Abend vor dem Fernseher verbracht hatte, sagte der Mann zu seiner Frau: »Lass uns doch heute Abend etwas wirklich Aufregendes unternehmen!« Vor dem inneren Auge der Frau tauchten sofort Szenen eines romantischen Dinners bei Kerzenlicht in einem Restaurant auf. »Wundervoll!«, antwortete sie und fragte ihren Mann ganz aufgeregt: »Was hast du dir ausgedacht?« – »Wir könnten einmal die Sessel wechseln!«, war seine Antwort, und er hatte das Gefühl, seiner Frau einen großen Wunsch von ihren Augen abgelesen zu haben.[5]

● **Tipp:** Arbeiten Sie weniger, vergnügen Sie sich mehr
In meiner Praxis werde ich immer wieder mit folgender Situation konfrontiert: Je frustrierter manche Menschen in einer langjährigen Beziehung mit dem Alltag sind, desto mehr Arbeit bürden sie sich als Ablenkung auf. Machen Sie es andersherum! Arbeiten Sie lieber etwas weniger und kümmern Sie sich darum, gemeinsam etwas zu unternehmen, was Ihnen Freude macht.

● **Tipp:** Frühstück im Bett
Besonders verregnete Tage eignen sich für ein Frühstück im Bett. Überraschen Sie Ihren Lebensgefährten am Morgen mit einem sinnlich angerichteten Frühstück und lassen Sie es sich gut gehen. Feiern Sie das Leben mit diesem Frühstück. Ist nicht jeder Tag, an dem wir gesund sind, ein Grund zum feiern?

●● **Tipp für Paare:** Treffen Sie Verabredungen während der Woche
Damit Ihre Beziehung nicht langweilig wird, sollten Sie immer wieder für kleine und ganz persönliche Highlights sorgen, von denen Sie gemeinsam zehren können. Deshalb ist es sinnvoll,

---

5 frei nacherzählt nach Anthony De Mello: 365 Geschichten, die gut tun

sich gezielt mit Ihrer Liebsten in einem Café, Restaurant oder Kino zu verabreden. Am besten ist es, wenn Sie sich dort treffen. Das erhöht den romantischen Effekt und macht den Abend außergewöhnlich.

●● **Tipp für Paare:** Erzählen Sie sich etwas Schönes
Verzichten Sie darauf, Ihrem Partner zu erzählen, wie sehr Ihnen Ihr Kollege auf die Nerven geht, der Busfahrer Sie verärgert hat oder dass die Tochter heute eine Fünf nach Hause gebracht hat. Tauschen Sie sich lieber über das aus, was Ihnen Spaß macht, Ihnen gut tut oder Sie erfüllt.

●● **Tipp für Paare:** Kitzeln Sie sich
Auch wenn es Ihnen kindisch erscheint, so erlebe ich die folgende Übung immer wieder als exzellenten Spannungsabbau: Einer liegt auf dem Rücken oder auf dem Bauch und lässt sich vom Partner am ganzen Körper so kitzeln, dass man sich vor Lachen nicht mehr halten kann. Dadurch können sich die Spannungen, die sich aufgebaut haben, auf ganz einfache Weise entladen, und beide haben viel Spaß zusammen. Einzige Regel: Wenn der Partner, der gekitzelt wird, »Stopp« sagt, muss der, der kitzelt, wirklich sofort aufhören.

●● **Tipp für Paare:** Genießen Sie sich absichtslos
Legen Sie sich abends anstatt fernzusehen einmal früh ins Bett oder auf die Couch und genießen Sie sich. Spüren Sie absichtslos den Körper, den Duft und die Wärme des anderen und tanken Sie auf.

✧ **Krisenintervention:** Geben Sie sich frei
Sind Sie beide durch den Alltag so gestresst, dass bei einem Zusammensein ein Streit absehbar ist oder eine Auseinandersetzung schwelt, dann geben Sie sich für einen Abend frei. Machen Sie dann ohne Ihren Partner etwas, was Ihnen gut tut oder Sie entspannt: ins Fitnessstudio gehen, Freunde treffen

oder einfach im Bett allein ein Buch lesen. Manchmal braucht es einfach Zeiten, in denen wir für uns ganz allein sein können. Dies geht leicht unter, wenn wir mit dem Partner unter einem Dach leben oder gemeinsam Kinder haben. Und gleichzeitig lässt uns ein entspannender Abend für uns oft am nächsten Morgen wieder ausgeglichener auf den anderen zugehen.

Lebendig sein

Zwei Dinge können nicht denselben Raum
zur selben Zeit einnehmen.

ARIEL & SHYA KANE

Wahre Liebe braucht keine permanente Beschäftigung, weil sie
aus sich selbst heraus lebt und aus sich selbst heraus spricht.
Und gleichzeitig braucht die Liebe, die durch zwei Menschen
zum Ausdruck kommt, eine kontinuierliche Pflege. Uns wird
oft, zum Beispiel in der Werbung und in Filmen, vermittelt,
dass es völlig mühelos sein müsse, eine aufregende und liebe-
volle Beziehung zu leben. Wir fühlen uns dann sehr schnell als
Versager, wenn unsere eigene Beziehung im Alltag etwas fahl
erscheint und nicht so, wie wir es uns vielleicht vorstellen.
Viele Liebesfilme enden damit, dass das Paar sich findet, nur
wenige berichten von der tagtäglichen Pflege, die es braucht,
damit dieses Paar über Jahre hinweg auch eine erfüllte Beziehung führt. Auch die Werbung vermittelt uns fast immer nur
die magischen Momente einer Liebe: etwa das Überreichen der
Eheringe oder die Besprechung mit einem Bankangestellten,
wenn es darum geht, ein Eigenheim zu kaufen. Was wir eigentlich bräuchten, wäre ein Werbespot, der auch zeigt, wie wir als
Paar miteinander sind, ohne etwas zu brauchen.

In der Regel wissen wir um die köstlichen Momente, in
denen wir mit dem anderen eins sind und uns aus diesem Sein
heraus vollkommen lebendig fühlen. Da sind wir ganz da und
vollkommen im gegenwärtigen Moment. Und da sind wir in
der wahren Liebe. Und genau das gilt es in der Partnerschaft zu
kultivieren – nämlich von diesem eigenen inneren Ort, wo wir
vollkommen eins und glücklich mit uns selbst sind, immer wieder auf den anderen zuzugehen, sich neu anzunähern und sich

wiederzufinden, um sich dann auch wieder zu verlieren und immer wieder von vorn zu beginnen. Denn nur wenn wir mit uns selbst eins und glücklich sind, können wir auch langfristig mit einem anderen Menschen glücklich sein. Davon erzählt auch die folgende Geschichte:

Das Geheimnis eines glücklichen Lebens

Ein Geschäftsmann wollte vom Meister wissen, was das Geheimnis eines glücklichen Lebens sei. Der Meister antwortete: »Mache jeden Tag einen Menschen glücklich: deine Ehefrau, deine Kinder, deine Geschäftspartner. Hauptsache, du machst einen Menschen glücklich.« Und er fügte hinzu: »... selbst wenn dieser Mensch du selbst bist.« Er überlegte noch einen weiteren Moment und sagte ein wenig später: »Vor allem, wenn dieser Mensch du selbst bist.«

Lebendigsein ins Leben bringen

Leben ist das, was passiert, während du gerade andere Pläne machst.

JOHN LENNON

Sind wir uns bewusst, dass die Routine des Alltags, Streitigkeiten, Auseinandersetzungen, Langeweile und Gewohnheiten sowie Krisen in einer Beziehung dazu gehören, dann fällt es uns viel leichter, konstruktiv an die Beziehung heranzugehen und uns mit uns selbst und dem Partner auseinanderzusetzen. Wenn wir darüber hinaus bereit sind zu bejahen, dass es auch Tage gibt, an denen man sich gerade nichts Wesentliches zu sagen hat, keine Lust hat, mit dem anderen zu schlafen, oder stattdessen einmal allein sein möchte, oder dass man – gerade nach einer Auseinandersetzung – nicht sofort wieder zueinander findet, dann kommen wir über dieses Ja zu dem, was ist, wieder in den gegenwärtigen Augenblick, ins Jetzt. Das Bejahen dessen, was gerade ist, löst quasi gebundene Energien, und das Leben kann wieder fließen. Dann binden wir uns und die Partnerschaft nicht länger an Wünsche oder Erwartungen aus der Vergangenheit oder stellen Forderungen an die Zukunft, sondern sind achtsam in diesem Moment. Dann wollen wir die Dinge nicht weiter anders haben, als sie sind, und wollen auch nicht den Partner anders haben, als er ist. Dann ist es, so wie es ist, in Ordnung. Von diesem Punkt aus können wir uns selbst und die Partnerschaft weiterentwickeln. Aus dem Bejahen und aus der Achtsamkeit für das Jetzt entsteht ein Raum, in dem sich Unvorhersehbares im positiven Sinne entwickeln kann – zum Beispiel etwas, was uns im Sein neu oder anders zusammenkommen lässt.

◎ **Kontemplation:** Sich im Moment verankern
Meist sind wir so in Gedanken verloren oder so mit dem Verstand identifiziert, dass wir den Kontakt zu unserem Körper verlieren und damit auch nicht mehr im gegenwärtigen Moment sind. Besteht hingegen ein guter Kontakt zwischen Körper, Geist und Seele, sind wir in Balance. Und wenn wir in Balance sind, gelangen wir einfacher in den gegenwärtigen Moment, und es gelingt uns auch besser, unserem Partner bedingungs- und absichtslos zu begegnen. Die folgende Übung stellt erfahrungsgemäß eine hilfreiche Möglichkeit dar, um uns wieder im gegenwärtigen Moment zu verankern und von dort aus unserem Partner zu begegnen.

- Kommen Sie in eine aufrechte Sitzposition.
- Schließen Sie die Augen, entspannen Sie den Blick hinter den geschlossenen Lidern, indem Sie alle Anspannung in den Muskeln, die die Augen ausrichten, lösen.
- Spüren Sie in Ihren inneren Raum hinein und richten Sie Ihre Aufmerksamkeit dort auf den Herzraum.
- Sobald Ihre Wahrnehmung dort stabil geworden ist, öffnen Sie nur einen Spalt breit die Augen. Lassen Sie die

Augen weiterhin ganz entspannt, sodass der Blick diffus bleibt, während Sie nach außen schauen, ohne etwas zu fokussieren.

- Verweilen Sie so, ohne zu blinzeln. Versuchen Sie, die innere Wahrnehmung stabil und dennoch entspannt zu halten, während Sie die Augen leicht geöffnet halten.
- Wenn Sie die Aufmerksamkeit nicht mehr halten können, dann schließen Sie für einen Moment die Augen und sammeln Sie sich wieder, bevor Sie die Augen erneut öffnen.
- Schließen Sie abschließend noch einmal die Augen, bevor Sie sich wieder den äußeren Dingen zuwenden.[6]

● **Tipp:** Entspannt ausatmen

Es gibt wohl kein Werkzeug, das uns so unmittelbar in den gegenwärtigen Moment bringen kann wie der Atem. Das ist dann natürlich besonders hilfreich, wenn wir unzufrieden sind und die Dinge anders haben wollen, als sie jetzt sind: harmonischer, romantischer, abwechslungsreicher, entspannter oder prickelnder. Akzeptieren wir den gegenwärtigen Moment hingegen, so wie er ist und mit dem, was ist, und sagen mit einem tiefen Ausatmen von Herzen Ja dazu, dann können wir uns entspannen und kommen zurück zu uns selbst – und damit auch wieder mit dem Partner in Kontakt. Sobald Sie also merken, dass Sie in Konzepten, Vorstellungen und Erwartungen gefangen sind, atmen Sie ganz bewusst tief aus und sagen Sie innerlich Ja zu dem, was gerade hier und jetzt ist, ohne sich selbst anders oder anderswo haben zu wollen.

● **Tipp:** Verpflichten Sie sich, zu sein

Wie häufig sind Sie einfach nur da? Egal, ob für sich allein oder in Ihrer Partnerschaft? Betrachten Sie die Bereiche in Ihrem

---

6 Diese Übung stammt ursprünglich aus dem Yoga und heißt dort »Shambhavi Mudra«.

Leben, in denen Sie sich vom Sein getrennt fühlen, und verpflichten Sie sich dann innerlich dazu, in diesen Bereichen zu sein, einfach nur zu sein. Nehmen Sie sich mindestens einmal in der Woche Zeit, sich immer wieder neu für das Sein zu verpflichten – sozusagen eine Verabredung mit sich selbst treffen –, auch wenn Sie dies vielleicht nur für Momente schaffen. Wenn Sie sich dem Sein verpflichten, bringt es Sie auf den richtigen Weg zurück, und auch wenn Ihnen dies vielleicht nur für eine kurze Zeit gelingt, so gelingt es Ihnen aber doch wieder und wieder.

✧ **Kriseninterventation:** Einfach sein
Machen Sie es sich in einer Auseinandersetzung oder in einer Krise zum Ziel, immer wieder mit Ihrem Partner einfach zu sein. Auch wenn der Verstand gerade in schwierigen Zeiten streiten oder debattieren möchte, so brauchen wir gerade auch in solchen Zeiten Raum, damit die Liebe, die unter allem verborgen ist, wieder durchscheinen kann. Indem Sie erkennen, dass Sein das Ziel der Beziehung ist und zugleich der beste Weg zu diesem Ziel, wissen Sie, dass Sie die richtige Richtung eingeschlagen haben. Wenn Ihr Ziel aber etwas anderes als das Sein ist, etwa recht haben zu wollen, dann versuchen Sie, sich dies bewusst zu machen und Ihren Kurs wieder zu ändern, um wieder zum Sein zurückzukommen. Halten Sie daher inne und praktizieren Sie etwa die Übung »Ausatmen« oder die Kontemplation »Sich im Moment verankern«.

Einander lieben

Wie lieben sich Igel?
Vorsichtig!

IGELISCHE WEISHEIT

Sind wir frisch verliebt, können wir nur schwerlich die Finger voneinander lassen. Während wir in den ersten Wochen und Monaten vielleicht sehr oft miteinander geschlafen haben, lässt die sexuelle Anziehung im Verlauf der Zeit automatisch und natürlicherweise nach, besonders dann, wenn wir zusammenleben oder Kinder haben. Auch hier holen der Alltag und der Stress die meisten Paare ein, sodass wir abends oftmals einfach nur froh sind, unsere Ruhe zu haben. Dass uns die Lust auf den Partner abhanden kommt, ist in Partnerschaften zumeist nach außen hin ein Tabu. Wir tun so, als sei alles in bester Ordnung, und plagen uns als Paar ungünstigerweise mit einer ganzen Reihe von Mechanismen. Wir versuchen, sexuell wieder zusammenzukommen, was aber häufig nicht so gelingt, wie wir uns das vorstellen. So machen wir uns dann gegenseitig offen oder versteckt Vorwürfe und tun dies im Laufe der Zeit immer häufiger. Die Distanz zwischen uns wird größer, und wir vermeiden Situationen, in denen wir Intimität haben könnten. Gleichzeitig gucken wir möglicherweise zu den Kirschen in Nachbars Garten oder leben unsere Fantasien bei der Selbstbefriedigung aus oder sublimieren sie durch Flucht in die Arbeit oder aber wir unterdrücken unsere sexuellen Gelüste ganz. Wohin krause Umwege der Sexualität führen können, schildert folgende Geschichte:

Die Folge unterdrückter Gelüste

Berkowitz und Michaelson waren nicht nur Geschäftspartner, sondern auch langjährige Freunde. So schlossen sie einen Pakt: Derjenige, der als Erster sterben würde, sollte wiederkommen, um dem anderen zu berichten, wie es im Himmel zugeht. Sechs Monate später starb Berkowitz. Er war ein sehr sittenstrenger Mann gewesen, der Lust und Sex immer vermieden hatte. Nun wartete Michaelson darauf, dass sein verstorbener Freund ihm Zeichen gäbe, dass er zur Erde zurückgekehrt sei. Michaelson verbrachte die Zeit mit ungeduldigem Hoffen und sehnsüchtigem Warten auf irgendeine Botschaft von Berkowitz. Endlich, ein Jahr nach seinem Tod, sprach Berkowitz zu Michaelson. Es war spät nachts, und Michaelson lag schon im Bett. »Michaelson, Michaelson«, war eine Stimme mehrmals zu vernehmen. »Bist du es, Berkowitz?« – »Ja.« – »Wie ist es da, wo du bist?« – »Wir essen Frühstück und dann haben wir Sex, und dann essen wir zu Mittag und haben Sex, und dann essen wir zu Abend und haben Sex.« – »Ist es tatsächlich so im Himmel?«, fragte Michaelson. »Wer redet denn vom Himmel?«, sagte Berkowitz, »Ich bin in Texas, und bin ein Stier.«[7]

Gelingt es uns nicht, einfach geradlinig mit unserem Partner Freude im Bett zu haben, sind wir in der Regel und natürlicherweise enttäuscht, resignieren und schämen uns. Wir fühlen uns schuldig oder als Versager, zweifeln an uns und sind verwirrt oder fühlen uns falsch. Und wir spüren Ärger und natürlich auch Angst, weil wir uns fragen, wie wir aus dieser Sackgasse in der Sexualität wieder herauskommen. Auf der anderen Seite haben wir das Gefühl, dass wir mit unserem Desaster zuhause völlig allein dastehen und dass alle Welt im Gegensatz zu uns ein sexuell sehr aktives und sehr befriedigendes Leben führt. Es erscheint uns dann leicht so, als hätten alle ihren Spaß, nur wir nicht. Schließlich sind die Medien voll von Tipps,

---

7 Vgl. Osho: Liebe, Freiheit, Alleinsein, S. 123

wie wir in der Partnerschaft gemeinsam die Palette der Prakti-
ken erweitern können, wie wir den Höhepunkt intensivieren
oder multiplizieren können oder wie wir wirklich eine großar-
tige Geliebte oder ein ausgezeichneter Liebhaber werden.

In meiner Praxis habe ich die Erfahrung gemacht, dass es
zumeist einer Kurskorrektur in der eigenen Haltung zur Sexualität bedarf, damit wir uns in der Partnerschaft dafür wieder
öffnen können. In der Regel sind die sexuellen und psychischen
Funktionen bei beiden Partnern in Ordnung. Das, was die
Sexualität oft zum Problem macht, sind unsere Vorstellungen
darüber, wie Sexualität sein sollte. Denn wenn wir die Sexualität nicht mit unseren Vorstellungen, Erwartungen, Wünschen,
Fantasien, persönlichen Erfahrungen und Konzepten füllen,
ist Sex ganz einfach nur Sex. Aber sobald wir die Sexualität
bewerten, bekommt sie meist eine Färbung, die uns daran hin-
dert, dabei einfach nur Freude zu haben. Folgende Geschichte
erläutert, was gemeint ist:

Der Sadhu und die Prostituierte

*In Benares, der heiligen Stadt Nordindiens, lebte einst ein heili-
ger Sadhu [Weiser]. Er war sehr angesehen, und zu seinen Schü-
lern zählten Könige und Herrscher aus unterschiedlichsten Län-
dern sowie Künstler, Wissenschaftler und andere bedeutende
Leute. Der Sadhu hielt sich mit äußerster Genauigkeit an alle
Regeln der Reinheit, in der Hoffnung, endgültige Erleuchtung zu
erlangen. Dreimal am Tag betete er, immer zur gleichen Zeit.
Und es sah aus, als tue er es von Herzen. Die Bleibe des Sadhu
befand sich im zweiten Stock eines Hauses. Auf dem gleichen
Stockwerk des gegenüberliegenden Hauses lebte eine Prostituierte. Tagein, tagaus ging sie ihrem Gewerbe nach, tanzte und
sang und tat all die Dinge, die eine Prostituierte normalerweise
tut. Der Sadhu sah sie jeden Tag, und obwohl er enthaltsam lebte
und körperlich rein war, war er im Geiste besessen von ihr. Er
beobachtete sie häufig, und dachte dabei: »Das ist schon der
zweite Kerl, den sie heute zu sich lässt. Und da kommt auch*

schon der dritte. Und den vierten nimmt sie voll Zärtlichkeit in
den Arm!« Wann immer sie in ihrem Zimmer war und er sie er-
blicken konnte, dachte er daran, wie schlecht und sündhaft sie
sei. Die Prostituierte hatte ihm gegenüber ein ganz anderes Empfinden. Wann immer sie etwas Zeit für sich hatte, sah sie zu dem
Sadhu hinüber und wurde von tiefster Reue erfüllt und dachte:
»Wie rein und heilig dieser Sadhu doch ist. Er wird bestimmt
niemals einen schlechten Gedanken haben, und von schlechten
Taten ist er ohnehin frei. Ich hingegen – in welch elendigem Zustand friste ich mein Dasein! Wenn ich doch nur so reinen Herzens wäre wie der Sadhu. Aber für mich gibt es wohl kein Heil.«
So gingen die Jahre ins Land. Und es kam der Tag, an dem beide
starben. Wie alle anderen Seelen, so kamen auch die Seelen des
Sadhus und der Prostituierten in die nächste Welt, wo sie bei der
Passkontrolle des Dharma [des ewigen Gesetzes] Rechenschaft
ablegen sollten. Man sah ihre Akten durch und gab jedem einen
Zettel mit der Anweisung, wohin sie nun zu gehen hatten. Auf
dem Zettel der Prostituierten stand »Himmel«, und der Sadhu
bekam einen Zettel, auf dem »Hölle« stand.

Der Sadhu war außer sich, als er dies sah und schrie wut-
entbrannt: »Was soll das? Wo ist hier die Gerechtigkeit? Eine
Prostituierte, die es jeden Tag mit unzähligen Männern getrieben
hat und voller Sünde ist, schickt ihr in den Himmel, und einen
Menschen wie mich, der voller Reinheit ist und der den ganzen
Tag nicht anderes getan hat, als zu meditieren, mich wollt ihr in
die Hölle schicken? Welche Erklärung habt ihr dafür?« Der Be-
amte an der Passkontrolle blieb ruhig und sagte zu ihm: »Komm
mit.« Er zeigte dem Sadhu seine Akten, in denen alle Gedanken
aufgeführt waren, die er im Laufe seines Lebens gehabt hatte.
Und darunter waren auch die der letzten Jahre, in denen er tagein, tagaus das Verhalten der Hure bewertet und sie für ein min-
deres Wesen gehalten hatte. Nachdem der Sadhu einen Blick in
seine eigenen Akten geworfen hatte, bekam er auch Einblick in
die Akten der Prostituierten. Dort konnte er lesen, wie reuevoll
sie jeden Tag an ihn gedacht hatte. Und nachdem der Sadhu ihre

Gedanken gelesen hatte, schämte er sich fürchterlich, denn nun erkannte er, dass es die Prostituierte gewesen war, die im Grunde ein reines Leben geführt hatte und nicht er. Und nun verstand er, warum er in die Hölle und sie in den Himmel kommen sollte.

Freude im Bett

Alles ist erlaubt.

JEAN-PAUL SARTRE

Damit wir wieder zusammen mit unserem Partner Freude im Bett haben, brauchen wir einen Raum, in welchem sich Zweckfreiheit, Selbstvergessenheit, Spontaneität und Kreativität ausbreiten können. Herstellen können wir uns diesen Raum relativ einfach durch gemeinsames Entschleunigen. Denn nur wenn wir uns davon frei machen, im Bett etwas leisten oder können zu müssen, sondern den Fokus darauf richten, einander bedingungslos zu lieben und uns hinzugeben, können unsere Körper das ausdrücken, was unsere Herzen empfinden. Es gilt also, den Alltag hinter uns zu lassen und mit ihm auch die Orientierung am Haben und uns dem Sein zuzuwenden, damit unser körperliches Zusammensein den Zauber der Begegnung wiederfindet.

Eine äußerst rational ausgerichtete Klientin tat sich in der Sexualität mit ihrem Lebenspartner ausgesprochen schwer damit, sich von Leistungsdruck frei zu machen. Darüber hinaus hatte sie große Angst, keinen Orgasmus zu bekommen. Durch die Therapie war es ihr gelungen, allmählich mit dem Sein in Kontakt zu kommen. Zuerst gelang es ihr, sich in der Meditation damit zu verbinden, und später konnte sie den Kontakt auch im Alltag mehr und mehr halten. So begann sie, den Fokus auf ihr Sein zu richten und von diesem Ort aus mit dem Sein des Lebensgefährten in Kontakt zu kommen, wenn sie und ihr Partner sich zu lieben begannen. Dadurch entstand für beide eine ganz andere Form von sexueller Begegnung. Es wurde plötzlich leichter und entspannter im Bett, und beide konnten sich von dem, was gerade geschah, führen lassen. Die Begegnung wurde in ihrer Qualität frei davon, etwas erleben, etwas leisten oder etwas können zu müssen. Beides war von nun an in Ordnung – einen Orgasmus zu haben oder auch keinen zu haben.

Leicht sollte es sein!

Mit Humor kann man Frauen am leichtesten verführen, denn die meisten Frauen lachen gern, bevor sie anfangen zu küssen.

Jerry Lewis

Um auch mitten im Alltag in einer Partnerschaft wieder Lust aufeinander zu bekommen und um in der Sexualität gemeinsam Zufriedenheit zu erleben, müssen wir uns von Leistungsdruck und Versagensängsten befreien. Erst dann werden wir wieder offen, und erst dann besteht die Möglichkeit, dass wir wieder mit dem Sein, dem gegenwärtigen Moment, in Kontakt kommen. Erst im Sein wird alles relativ, und damit einhergehend gibt es im Bett nichts zu leisten. Gleichzeitig geht es ähnlich wie in der Entspannung darum, diese Form von Sexualität innerhalb einer Beziehung zu kultivieren, sich gemeinsam diesen Raum wirklich und regelmäßig zu reservieren, um in diesem Freiraum den Abstand vom Alltäglichen für die gemeinsame Sexualität einkehren zu lassen – und zwar leicht, spielerisch

und auch mit Platz für Humor. Gerade Humor kann uns hier
helfen, wenn wir merken, dass wir uns selbst wieder auf den
Leim gegangen sind; etwa wenn wir enttäuscht sind, wenn es
im Bett nicht so läuft, wie wir es uns gerade vorstellen, oder
unter einen gewissen Leistungsdruck geraten. Hier können wir
uns an Osho halten, der riet: »Sei dir selbst ein Witz der dich
erheitert.« Humor kann uns helfen, ein entlarvtes Konzept
einfach wieder fallen zu lassen. Gleichzeitig braucht die Kultivierung einer sinnlichen Sexualität in einer Partnerschaft eine
gewisse Disziplin, das heißt, dass wir uns ganz konkrete Verabredungen setzen müssen, um uns in aller Ruhe und Entspannt-
heit zu lieben.

Liebe ins Leben bringen

● **Tipp:** Gestalten Sie Ihr Glück
Ausgehend von dem Wissen, dass wir nicht jederzeit im Sein
verankert sind, sollten wir uns bewusst machen und uns immer
wieder daran erinnern, dass Sexualität im besten Sinne weit
umfassender als der reine Geschlechtsakt ist. Erlauben Sie sich
daher, dass Geschlechtsverkehr stattfinden kann, aber nicht
sein muss, wenn Sie miteinander im Bett sind. Das entspannt!
Darüber hinaus ist jeder von Ihnen für sich selbst und seine
Lust verantwortlich. Tun Sie also das Ihre dazu, dass Sie Freude
haben, und geben Sie die Verantwortung dafür nicht an Ihren
Partner ab. Und seien Sie beide aktiv im Geben und Empfangen.

●● **Tipp für Paare:** Fernseher raus und Verabredung
starten!

Wer schläft, sündigt nicht.
Wer aber vorher gesündigt hat, schläft dann umso besser.
Friedrich Singer

Auch wenn ein Liebesfilm im Fernsehen uns manchmal anregen und zum Sex inspirieren kann, so ist ein Fernseher im Schlafzimmer eher ein Liebestöter. Verbannen Sie ihn deshalb aus diesem Raum. Verabreden Sie sich dann und wann fest mit Ihrem Partner oder Ihrer Partnerin im Bett. Lassen Sie absichtslos zu, was passiert, und lassen Sie sich aufeinander ein, indem Sie Ihrem Körper folgen und dem, was er Ihnen sagt. Seien Sie zärtlich, wenn Sie zärtlich sein wollen. Seien Sie drängend, wenn Ihnen danach ist, drängend zu sein. Tauchen Gedanken, wie etwas jetzt sein soll oder was Sie mittags noch mit einem Kunden besprochen haben, auf, so nehmen Sie diese Gedanken einfach wahr und lassen Sie sie dann los. Konzentrieren Sie sich wieder ganz auf das, was jetzt ist.

✧ **Krisenintervention:** Tauschen Sie sich mit anderen aus

Bei vielen herrscht Flaute im Bett, aber nur die wenigsten trauen sich, mit anderen darüber zu reden. Seien Sie mutig und vertrauen Sie sich einem anderen an und holen Sie sich Rat oder Tipps, wenn Sie selbst nicht mehr wissen, wie Sie im Bett wieder mit Ihrem Partner zusammenfinden können.

Miteinander reden

Die einzige Möglichkeit verstanden zu werden,
besteht darin, sich selbst zu verstehen.

BYRON KATIE

Wenn wir in unserem Alltag ein zu hohes Tempo einkehren lassen, sind wir auch in unserer Partnerschaft gefährdet, nicht mehr aus dem Sein heraus zu kommunizieren. Anstatt wirklich miteinander zu reden, sprechen wir uns dann überwiegend nur noch ab darüber, was ansteht und wer welche Aufgaben übernehmen soll. So vereinbaren wir, wer von uns heute das frische Pesto für die abendlichen Spagetti beim italienischen Feinkostladen nach der Arbeit einkauft. Sie erinnert ihn daran, dass er das Auto morgen früh zur Inspektion bringen muss, oder er bittet sie, übermorgen später zur Arbeit zu gehen, um den Heizungsableser in die Wohnung lassen zu können. Auch erzählen wir uns abends in der Regel gerne, wie der Tag heute am Arbeitsplatz gewesen ist und worüber wir uns geärgert haben, oder wir fragen den Partner um seine Meinung, wie er in dieser oder jener Situation gehandelt hätte. Es schleicht sich also im Alltag ein, uns das gegenseitig mitzuteilen, was in der Zukunft ansteht oder was schon vergangen ist. Oder wir sprechen miteinander, um uns gegenseitig entweder zu entlasten oder zu unterstützen. Auch wenn wir uns dabei noch eine Zeit lang miteinander wohlfühlen, spüren wir doch irgendwann, dass dieses Miteinander-Reden nicht mehr durchdrungen ist von der Magie des Augenblicks, sondern entzaubert ist durch die Hektik, der wir zu viel Raum in unserem Alltag überlassen haben. Je mehr wir uns von dem Strudel der alltäglichen Verpflichtungen mitreißen lassen und unser Fokus primär auf das bloße Funktionieren gerichtet ist, desto schneller schleicht sich diese nur zweckgebundene Form der Kommunikation ein, und die Gefahr besteht, dass wir mehr und mehr aneinander vorbeireden. Daraus können sich dann schnell Missverständnisse ergeben.

Eine junge Klientin erzählte, dass ihr Freund und sie morgens immer Müsli mit einem frischen Apfel aßen. Eines Tages hatte sie Birnen mitgebracht, weil es keine frischen Äpfel mehr im Laden gegeben hatte. Ihr Freund war froh, dass sie so kurz vor Ladenschluss überhaupt noch frisches Obst bekommen hatte, und sagte: »Wunderbar, dass du Birnen mitgebracht hast!« Aus dieser Äußerung schloss die Klientin irrtümlicherweise, dass er eigentlich lieber Birnen anstatt Äpfel essen würde und kaufte von da an ihm zuliebe immer frische Birnen ein. Irgendwann passierte es, dass es keine Birnen gab und sie frische Äpfel mitbrachte. Dazu sagte er spontan: »Endlich einmal wieder frische Äpfel. Ich mag Birnen nämlich nicht sonderlich!« Erst jetzt klärte sich das Missverständnis von damals und der Trugschluss der Klientin auf, und beide konnten darüber herzhaft lachen.

Wie Missverständnisse entstehen

Missverständnisse und Trägheit machen vielleicht mehr Irrungen in der Welt als List und Bosheit.
Johann Wolfgang von Goethe

Missverständnisse können wie in dem obigen Beispiel typischerweise darauf basieren, dass der eine etwas sagt und der andere daraus seine Schlüsse zieht, ohne zu überprüfen, ob er damit richtig liegt. Andere Missverständnisse entstehen, wenn

einer etwas sagt und der andere nicht richtig zuhört. Folgende
Geschichte macht deutlich, was gemeint ist:

Ich habe dich auch satt

*Ein Ehepaar feierte Goldene Hochzeit. Den ganzen Tag über
empfingen die beiden Freunde, Verwandte und Bekannte, die
ihnen zu ihrem Jubiläum gratulierten. Abends waren sie froh,
dass sie einfach nur vor dem Haus auf der Veranda sitzen und
den Sonnenuntergang betrachten konnten, um sich von dem an-
strengenden Tag zu erholen. Der alte Mann schaute seine schon
etwas schwerhörige Frau voller Liebe an und sagte: »Maria, ich
bin so stolz auf dich!« – »Was hast du gesagt?«, fragte seine Frau
ihn. »Ich sagte: Ich bin so stolz auf dich!« Maria antwortete mit
einer abfälligen Handbewegung: »Ach, mach dir nichts draus.
Ich habe dich auch satt!«*

Missverständnisse entstehen auch, weil wir in unseren Bedürfnissen, Standpunkten, Gedanken und Gefühlen unklar sind
und diese Unklarheit auch verbal transportieren, sodass der
Partner infolgedessen natürlich entsprechend unklare Botschaften empfängt und sein Interpretationsspielraum entsprechend groß ist, das zu hören, was er für richtig oder falsch hält.
Darüber hinaus driften wir, wenn wir uns nicht wirklich ver-
ständigen können, über kurz oder lang in Groll aufeinander
und in Schwierigkeiten miteinander hinein, was dann nach
einer Klärung ruft, wie die nächste Geschichte zeigt:

Der kleine Junge und der Ziegenbock

*Der kleine Johnny war gerade drei Jahre alt. Er hatte sich mit
dem Ziegenbock Moby angefreundet, der dem Nachbarn gehör-
te. Jeden Morgen brachte Johnny Moby frisches Gras und Salat-
blätter zum Frühstück. Ihre Freundschaft wurde so eng, dass
Johnny stundenlang bei Moby blieb. Eines Tages kam Johnny auf
die Idee, dass Moby ein anderes Menü vielleicht besser schmecken würde. Also brachte er ihm ungefragt Rhabarber anstatt*

Salat mit. Moby knabberte daran, mochte den Rhabarber aber nicht und meckerte deshalb lauthals. Johnny ergriff Moby an einem Horn und versuchte, ihn dazu zu bringen, den Rhabarber zu fressen. Moby hingegen meckerte noch mehr, und als Johnny sein Meckern noch immer nicht registrierte, stieß er Johnny weg – zuerst sanft, später fester, sodass Johnny stolperte und mit einem Rumps auf seinen Hintern fiel. Johnny war so beleidigt, dass er schreiend davonlief und seitdem nicht wieder zu Moby ging. Bald darauf fragte der Vater Johnny, warum er nicht mehr bei Moby zu sehen sei, und Johnny erwiderte grollend: »Er hat mich böse zurückgewiesen.« Da gab ihm sein Vater den Rat: »Sprich dich mit ihm aus!«

Nur wenigen Paaren gelingt es durchgehend, wirklich gut im Austausch miteinander zu bleiben. Dabei bedarf es meiner Erfahrung nach nur einiger kleiner Kurskorrekturen, um auch im Alltag als Paar wieder zu einer wahrhaftigen Kommunikation zurückzufinden. Zunächst einmal ist es doch ganz normal, dass wir in einer Beziehung im Alltag immer mal wieder aneinander vorbeireden, und es geht doch im Grunde nur darum, immer wieder in die wirkliche Kommunikation einzusteigen. Natürlich kann man das als eine anstrengende Arbeit bezeichnen, aber ich persönlich betrachte es eher als eine Achtsamkeitsübung, mit deren Hilfe wir immer wieder den Schatz, welcher eine gute Partnerschaft ja ist, pflegen. Und mit dem Partner wahrhaft zu kommunizieren heißt, mit sich selbst in wirklichem Kontakt zu sein, sich selbst zu verstehen und im Idealfall im Sein verankert zu sein und so entsprechend klar und deutlich zu kommunizieren. Und es bedeutet im Moment zu sein, der mehr Möglichkeiten und auch Lösungen bereithält als das, was wir sonst denken, glauben und fühlen und dementsprechend sagen und mitteilen. Ein solcher Austausch verlagert sich vom Haben zum Sein.

Eine Annäherung an eine solche wahrhaftige Kommunikation gelingt uns als Paar in der Regel spontan in Phasen oder

Situationen, in denen wir entspannt sind, also meist im Urlaub, nach einem Retreat oder in Situationen, in denen wir Entschleunigung praktizieren. Wir hören plötzlich wirklich und nicht nur mit einem Ohr zu, weil wir vermeintlich schon wissen, was der andere jetzt sagen wird. Wir sprechen eindeutig und in Übereinstimmung mit dem, was wir fühlen, und nicht mit offenem oder verdecktem Groll. Wir sind einfach gewahr. Nun möchten wir natürlich im Alltag nicht darauf warten müssen, dass ein wahrhaftes Miteinander-Reden spontan passiert, sondern dass wir die aktiv gestalten können. So gilt es, miteinander einerseits ein paar Regeln in der gemeinsamen Kommunikation zu beherzigen und andererseits Zeitpunkte zu finden, zu denen wir uns austauschen – im Alltag und jenseits der Alltagsthemen.

Miteinander-Reden ins Leben bringen

Zwei reife Menschen, die sich lieben, helfen einander,
freier zu werden.

Osho

- ● **Tipp:** Sprechen Sie von sich und bleiben Sie konkret
- Verwenden Sie Ich-Botschaften anstatt Du-Botschaften. Sprechen Sie also darüber, was Sie fühlen oder denken, anstatt Ihrem Partner Dinge vorzuwerfen oder ihn anzuklagen. Sagen Sie besser: »Ich fühle mich allein und habe Angst, dass wir uns voneinander entfernen« anstatt »Du nimmst keine Notiz vom mir und bist nur noch im Büro«.
- Sprechen Sie nur von konkreten Situationen und Verhaltensweisen und bleiben Sie im Hier und Jetzt, anstatt Verallgemeinerungen zu benutzen. Sprechen Sie nur aktuelle und konkrete Anlässe an und auch aktuelles konkretes Handeln, anstatt zu verallgemeinern. Beliebt sind

hier Wörter wie »immer« oder »nie«. Sagen Sie also zum Beispiel lieber: »Ich bin heute früh sauer geworden, weil du mir nach dem Frühstück nicht geholfen hast, abzuräumen« anstelle von »Ich war sauer, weil du dich wie immer gleich an den Laptop gesetzt hast«.

● **Tipp:** Hören Sie zu und bleiben Sie achtsam
- Signalisieren Sie Ihrem Partner nonverbal, dass Sie Interesse an dem haben, was er Ihnen erzählt. Sehen Sie ihn an!
- Geben Sie ihm Rückmeldung über das, was er Ihnen gesagt hat. Fassen Sie dazu das, was Sie gehört haben, noch einmal in eigenen Worten zusammen. Dadurch erfahren Sie, ob Sie ihn möglicherweise falsch verstanden haben. Sagen Sie hier zum Beispiel: »Bisher habe ich Folgendes verstanden: …«

● **Tipp:** Hören Sie einfach nur zu!
Manchmal wünschen wir uns von unserem Partner einfach nur ein offenes Ohr, so wie in dem folgenden Brief beschrieben: »Wenn ich Dich bitte, mir zuzuhören, und Du beginnst mir Ratschläge zu geben, hast Du nicht getan, worum ich Dich gebeten habe. Wenn ich Dich bitte, mir zuzuhören, und Du beginnst mir zu erklären, warum ich nicht so fühlen sollte, wie ich es tue, trampelst Du auf meinen Gefühlen herum. Vielleicht helfen manchen Menschen Gebete deshalb so gut, weil Gott stumm ist, keine guten Ratschläge gibt und sich nicht einmischt. Er hört nur zu und lässt mich selbst zurechtkommen. Deshalb sei so nett und höre mir einfach nur zu. Und wenn Du reden möchtest, kannst Du doch wohl eine Weile warten, bis Du dran bist. Dann verspreche ich Dir zuzuhören.«[8]

8 Vgl. Kay Pollak: Durch Begegnung wachsen, S. 88

●● **Tipp für Paare:** Sprechen Sie über das, was Sie und der andere wollen

Besonders in der Sexualität ist eine wahrhaftige Kommunikation wichtig, da Ihr Partner nicht wissen kann, was Ihnen gefällt und was Sie nicht mögen! Das Gleiche gilt auch umgekehrt. Seien Sie deshalb wirklich ehrlich und sagen Sie sich gegenseitig ganz wahrhaftig, was Sie mögen und was Ihnen nicht gefällt. Sagen Sie es nach Möglichkeit in der Situation selbst, damit Ihr Partner unmittelbar versteht, was Sie meinen.

●● **Tipp für Paare:** Gemeinsam schweigen

Um gut miteinander reden zu können, ist es manchmal günstig, gemeinsam – etwa bei einer Mahlzeit oder einem Spaziergang – zu schweigen. Das wirkt meist beruhigend, und dadurch tauchen wir bewusst in einen gemeinsamen Raum ein. Und wir können wahrnehmen, was wir sonst manchmal alles so unserem Partner vorplappern, ungefiltert, wie es uns gerade so durch den Kopf geht. Durch dieses bewusste Schweigen können wir dem Austausch miteinander danach leichter eine neue und tiefere Qualität geben.

✧ **Krisenintervention:** Bleiben Sie ruhig

Versuchen Sie besonders in einer Auseinandersetzung oder in einem Streit, ruhig und achtsam zu bleiben. Wenn Sie sprechen, dann sprechen Sie von sich und bleiben Sie konkret. Wenn Sie zuhören, hören Sie einfach nur zu und bleiben Sie achtsam. Und wenn Sie dabei straucheln, beginnen Sie damit wieder von vorn.

Aneinander wachsen

Wenn der Wind des Wandels bläst,
bauen die einen Schutzwände und die anderen
Windmühlen.

CHINESISCHE WEISHEIT

Wie alles im Leben so ist auch unsere Beziehung einem ständigen Wandel unterlegen. Wir haben gute und schlechte Zeiten, die sich je nach äußeren Umständen und inneren Haltungen entsprechend schnell ändern können. Geht es uns miteinander gut, dann sind wir meist positiv gestimmt, was unsere Ansicht über unsere Beziehung betrifft. Dann haben wir das Gefühl, dass die Liebe allgegenwärtig ist und das Leben uns mit unserem Partner ein besonderes Geschenk gemacht hat. Befinden wir uns hingegen in einer Krise, dann fällt es uns gewöhnlich schwerer, unserem Partner liebevoll und mit Achtsamkeit zu begegnen, ihm für sein Dasein zu danken und ihn auch mit seinen Ecken und Kanten wertzuschätzen.

In guten Zeiten in der Partnerschaft sind wir uns bewusst, dass es eine Herausforderung ist, im Alltag die Liebesbeziehung lebendig zu halten. Befinden wir uns gerade in so einer Phase, in der wir uns nah sind und die Liebe zwischen uns spüren, wir voneinander erotisiert sind und alles leicht und wie von selbst läuft, dann amüsieren wir uns im Rückblick gerne darüber, wie wir etwa vor einigen Monaten wie begossene Pudel dastanden, als die 19-jährige Tochter uns mitteilte, dass sie die Nase von uns voll habe und jetzt in das freigewordene Zimmer in die WG zu ihren Freundinnen ziehe. Und lachend teilen wir uns gegenseitig zu wiederholten Male im Rückblick mit, wie sie uns später dann recht verzweifelt anrief, weil ihr das ewige Getratsche der Freundinnen bis tief in die Nacht auf die Nerven gehe, sie wegen der dünnen Wände alles höre und nicht schlafen könne, sie mit ihrem Geld nicht klarkomme und ob wir ihr helfen könnten, die Lampen aufzuhängen. Und wir ergänzen, dass es uns recht schwergefallen sei, in dieser Zeit damit klarzukommen, dass unser Kind jetzt erwachsen ist und immer weiter in sein Leben drängt.

Oder wir erzählen uns in guten Zeiten im Rückblick, wie froh wir waren, dass wir beim Tod des Vaters den anderen an unserer Seite wussten, der andere einfach da war im Schmerz über den Verlust, der immer wieder auftauchte – etwa als wir die Nachricht über den Tod am Sonntagmorgen ganz in der Früh erhielten oder als wir seine Wohnung auflösten und wir die Gardinen abhängten, die der Vater damals gekauft und mit solcher Sorgfalt angebracht hatte. Da wo wir verzweifelt und voller Trauer waren, war der andere da und nahm uns einfach in den Arm. Und wir erzählen uns, wie viel wir doch schon zusammen erlebt und bewältigt haben, und wir sind stolz aufeinander und miteinander und schauen uns in die Augen und freuen uns einfach über uns und über das Leben.

Ganz anders jedoch sieht es aus, wenn wir im Alltag in der Partnerschaft in einer Krise stecken. Zumeist sind wir davon so gefangen genommen, dass wir die nötige Distanz verloren haben, um unserer Situation auch etwas Positives abgewinnen zu können. Das betrifft in der Regel jede Form von Krise, ob es sich nun um ein vorhersehbares kritisches Lebensereignis handelt, also etwa den Auszug der Tochter, oder ob uns ein eher unvorhersehbares kritisches Lebensereignis widerfährt – wie etwa der Tod des Vaters, der Verlust des Arbeitsplatzes, ein Autounfall, eine Diagnose wie Multiple Sklerose oder auch das Zutagetreten einer »Nebenbeziehung« des Partners. Befinden wir uns in einer Krise erscheint uns in unserem Alltag nichts mehr so wie vorher. Unsere Abläufe, so wie wir sie als Paar miteinander eingespielt haben, passen plötzlich nicht mehr zur neu eingetretenen Situation. So stehen etwa plötzlich die Umzugskartons der 19-jährigen Tochter tagelang in der Diele, und aus ihrem wenig später dann verwaisten Zimmer tönt anstelle von zu lauten Bässen nur noch totes Schweigen. Oder der Partner flüchtet sich komplett in die Arbeit und kommt nur noch zum Schlafen nach Hause, nachdem seine Frau ihm gestanden hat, dass sie in eine Frau verliebt ist. Oder aber jener Partner macht alles wie bisher, und trotzdem ist nichts mehr, wie es war. Krisen haben also die Eigenschaft, dass das Gewohnte – ob es nun gut oder nicht gut war – erschüttert wird, nicht mehr funktioniert, was bei beiden Partnern Irritation und auch Angst und Unsicherheit auslöst. Und oftmals haben wir an dieser Stelle den Wunsch, dass alles wieder so werden möge, wie es vorher war. Wir wollen das Vertraute zurück und ahnen oder wissen meist zugleich, dass wir von dem, was und wie es war, Abschied nehmen müssen. Die Tochter wird nicht mehr dauerhaft bei uns einziehen; die Beziehung zwischen dem Mann und der Frau, die verliebt ist, wird, wenn beide wieder zueinander finden, eine andere sein. In einer Krise erleben wir intensiv, dass alles dem Wandel unterliegt, was wir zwar theoretisch auch im Alltag wissen, aber dort nicht spüren. Und oft wird uns in einer Krise auch unvermittelt bewusst, dass auch wir vergänglich sind.

Aus Krisen lernen

Nicht die Krisen sind es, die Partner unglücklich machen, sondern die Lösungen, die sie wählen, um diese Krisen zu bewältigen.

UNBEKANNT

Dass wir Krisen in Partnerschaften als Herausforderungen erleben, geschieht natürlich – und das erlebe ich auch in meiner Praxis immer wieder – nicht ad hoc und fällt uns auch nicht leicht. Wir müssen akzeptieren, dass Krisen in Partnerschaften uns zunächst meist lähmen, wir uns möglicherweise passiv, traurig und verzweifelt fühlen und dass wir uns gegen das, was gerade ist, auflehnen wollen. Und wir müssen lernen, dass wir uns erst nach und nach in den neuen Zustand einfinden können und ihn annehmen können. Dann erst sind wir in der Regel fähig, unsere Energie daran zu setzen, aus unserer Situation das Beste zu machen.

Manchmal schubsen uns Krisen auch einfach ins Sein. Im Sein erleben wir den Augenblick, und die Ängste, Sorgen und Befürchtungen, die wir in Krisen so gern ganz vehement produzieren, gehen zurück. Daneben gilt es in Krisen innezuhalten, zu überprüfen, wo wir stehen. Und es gilt, achtsam, dankbar und wertschätzend zu sein und uns im Verzeihen zu üben. Auch ist es hilfreich, sich zu entspannen und das Tempo zu verlangsamen, um sich wieder zu spüren, den Blick zu weiten und die Ohren zu öffnen, für das, was wirklich ist. Was gemeint ist, zeigt folgende Geschichte.

Gesangsunterricht in einer Krise

Klaus und Maria befanden sich in einer Krise, nachdem er ihr gestanden hatte, fremdgegangen zu sein. Drei Wochen sprachen sie kein Wort mehr miteinander. Maria nahm in dieser Zeit wie immer Gesangsunterricht und übte danach in ihrem Zimmer noch ein paar Minuten für sich weiter, bis sie sich hinsetzte und ein Buch las. Klaus empfand ihre Stimme als kreischend, laut und nervtötend. Er wurde im Laufe der Zeit immer gereizter, und als ihm irgendwann der Kragen platzte, klopfte er an Marias Zimmertür und schrie: »Wenn du nicht sofort aufhörst zu singen, dann trete ich die Tür ein!« Maria öffnete die Türe: »Was redest du da? Ich habe bereits vor zwei Stunden aufgehört zu singen.«

Wie die Geschichte zeigt, haben wir besonders in Krisen die Tendenz, sehr empfindlich auf unseren Partner zu reagieren. Gerade deshalb gilt es, sich mit dem Partner wahrhaftig auszutauschen. So können sich in der Krise Konzepte, Vorstellungen und Werte, die nicht mehr passen, auflösen, und das, was angezeigt ist, kann sich neu formieren. Krisen haben so das Potential zur Transformation.

Aneinander-Wachsen ins Leben bringen

Das Leichte ist richtig.
Beginne richtig, und es ist leicht.
Fahre leicht fort, und es ist richtig.
Der richtige Weg, das Leichte zu finden,
ist, den richtigen Weg zu vergessen,
um zu vergessen, dass er leicht ist.

DSCHUANG-TSU

● **Tipp:** Das Gute in einer Krise erkennen
Krisen lassen sich durch eine positive Geisteshaltung besser bewältigen, als wenn man schwarzsieht. Unterstützen können Sie hier folgende Sichtweisen:

- Erkennen Sie das Gute in einer Krise: Gerade Krisen bergen ein enormes Wachstumspotential in sich. In der Krise selbst fühlen wir uns der Situation oft hilflos ausgeliefert, überstrapaziert und überfordert. Aber wenn wir die Krise gut zusammen meistern, dann merken wir, wie viel wir gelernt haben. Vergegenwärtigen Sie sich deshalb in einer Krise immer wieder, dass diese nicht vergeblich sein muss, sondern dass Sie und Ihr Partner daran reifen können.

- Lassen Sie Altes los und öffnen Sie sich für Neues: Durch eine Krise werden wir aufgefordert, alte Gewohnheiten, Verhaltensmuster und Konzepte loszulassen. Wenn Sie zum Beispiel betrogen worden sind, werden Sie nach der

Krise merken, dass es anders sein wird als vor der Krise. Lassen Sie deshalb davon ab, auf Biegen und Brechen den Zustand vor der Krise wiederherzustellen. Öffnen Sie sich stattdessen für das, was nun Neues auf Sie zukommen mag. Lassen Sie die Trauer und den Abschied vom Alten zu und geben Sie sich die Zeit, wieder neu zueinander zu finden. Das Neue dürfte adäquater für Sie beide sein, weil Krisen uns automatisch auffordern, in unserer eigenen Entwicklung und in der Entwicklung der Beziehung weiterzugehen. Schauen Sie, wo es zu verzeihen und aktiv und kreativ zu werden gilt!

● **Tipp:** Suchen Sie nach einer Lösung
Versuchen Sie sich bei allem Schmerz in einer Krise mittelfristig lösungsorientiert zu verhalten. Blicken Sie nach vorn! Wer an der Verletzung, an dem Auslöser oder an der Ursache der Krise kleben bleibt, schadet sich selbst am meisten und macht die Situation nicht besser, sondern schlechter.

●● **Tipp für Paare:** Einfach da sein
Manchmal ist nur einer von uns von einer Krise betroffen. Dann ist es hilfreich, wenn der andere dem, der betroffen ist, das Gefühl vermittelt, da zu sein. Sätze wie: »Wir halten zusammen« oder »Das kriegen wir zusammen hin« oder »Ich bin für dich da« tun dem betroffenen Partner genauso gut wie praktische Gesten, etwa ihm einige alltägliche Verpflichtungen abzunehmen.

◇ **Krisenintervention:** Bleiben Sie beim Thema
Vermeiden Sie, in einer Krise Verletzungen aus vergangenen Zeiten auf den Tisch zu bringen. Disziplinieren Sie sich und sprechen Sie von sich, bleiben Sie konkret, hören Sie zu und seien Sie achtsam. Nur das bringt Sie und die Beziehung wirklich weiter, und das sollten Sie sich und dem anderen schuldig sein.

✧ **Krisenintervention:** Die Krise mit Distanz betrachten
Versuchen Sie, die Krise mit etwas Distanz zu betrachten. Stellen Sie sich vor, dass es in Ihnen einen Beobachter gibt, der das ganze Szenario sieht, aber sich nicht damit identifiziert. So gewinnen Sie eine objektive Sicht dessen, was gerade ist, und öffnen Ihren Blick für Möglichkeiten, die Ihnen zur Verfügung stehen können, um die Krise zu handhaben.

Teil 3

Wissen

Ich weiß, dass es machbar ist. Ich weiß, dass es immer wieder nur kleine Kurskorrekturen braucht, damit Ihre Partnerschaft genau die Partnerschaft wird, die Sie sich immer gewünscht haben. Zu oft habe ich in meiner eigenen Partnerschaft gesehen, wie wenig es braucht, wenn beide den Wunsch nach einer guten Partnerschaft haben.

EVA MARIA ZURHORST[9]

Wissen, integrieren und genießen

Menschen sind Engel mit nur einem Flügel –
Nur wenn sie sich umarmen, können sie fliegen.

LUCIANO DE CRESCENZO

In meiner therapeutischen Arbeit bin ich immer wieder davon fasziniert, die Einzigartigkeit der jeweiligen Beziehungen kennenzulernen, in der sich die Klienten befinden. Gleichzeitig unterliegt jede Beziehung, so individuell sie ist, auch einfach bestimmten Gesetzmäßigkeiten und Verläufen. So lässt sich nach C.G. Jung eine Liebesbeziehung grundsätzlich in vier Stufen unterteilen: sich verlieben, Projektionen zurücknehmen, Nähe-Distanz regulieren und einander bedingungslos lieben. Erfahrungsgemäß folgen die vier Stufen nicht unbedingt zeitlich aufeinander. Die meisten Beziehungen haben aber gewöhnlich etwas gemein: Am Anfang einer Liebesbeziehung schweben wir meist auf Wolke sieben, haben Schmetterlinge im Bauch und sehen das Objekt unseres Begehrens durch eine rosarote Brille. Danach können die Beziehungen einen unterschiedlichen Verlauf nehmen: So kann es zum Beispiel passieren, dass besonders das Zurücknehmen der Projektionen und das Regulieren von Nähe und Distanz zeitgleich oder auch in umgekehrter Reihenfolge ablaufen. Es kann auch sein, dass wir dann im Laufe der Jahre immer wieder – einmal mehr und einmal weniger – mit einer dieser beiden Stufen beschäftigt sind. Festhalten aber lässt sich, dass wir zu Beginn einer Beziehung alle mehr oder weniger gleich trunken von Liebesgefühlen sind und dass sich die bedingungslose Liebe in der Regel erst einstellt, wenn wir gelernt haben, unsere Projektionen zurückzunehmen und mit Nähe und Distanz zu unser beider Wohl umzugehen.

Eine Partnerschaft ist also voller Dynamik und Lebendigkeit, was ganz natürlich ist, weil sie von zwei Menschen mit einer eigenen Biografie, einer eigenen Lerngeschichte und mit jeweils eigenen Wünschen, Bedürfnissen, Erwartungen, Vorstellungen und Konzepten geführt wird. Als wie berauschend auch immer wir die erste Zeit unserer Liebesbeziehung erleben mögen, so ernüchternd ist es für uns in der Regel, einige Zeit später zu erleben, wie sehr unsere beiden Welten aufeinanderprallen. Genauso ernüchternd ist es für uns festzustellen, wie schwer es uns fällt, eine gemeinsame Welt zu gestalten, in der wir uns beide gleichermaßen zurechtfinden und beide gleichermaßen zufrieden sind.

Um in diesem notwendigen Modellierungsprozess möglichst offen, fair, einfühlsam und authentisch zu bleiben, ist es meiner Erfahrung nach hilfreich, um die verschiedenen Stufen in der Liebe zu wissen, sie zu integrieren und die Beziehung dann aus diesem Wissen heraus zu genießen. Viele meiner Klienten, denen ich jene Stufen der Liebe auseinandersetzte, haben dies wieder und wieder bestätigt. Gerade bei heftigen Auseinandersetzungen und in Krisen verzweifeln wir schnell, selbst dann, wenn wir die Liebe zum anderen als das Allerwichtigste empfinden. Durch unser Wissen um jene Stufen können wir uns jedoch in einer solchen Situation in eine Außensicht auf unsere Beziehung bringen. Dann können wir wieder feststellen, wo wir uns gerade gemeinsam befinden. Wir können wieder einen klaren Kopf bekommen und sehen, dass es völlig normal ist, wenn man sich als Paar immer wieder über bestimme Themen, Bedürfnisse und Vereinbarungen innerhalb der Beziehung auseinandersetzt. Aus diesem Grund werden die Stufen im Folgenden beschrieben.

1. Stufe: Sich verlieben

Ich bin der Wind, und Du bist Feuer
und ich habe Dich entfacht.

Rumi

Was gibt es Schöneres, als dass jede Zelle des eigenen Körpers trunken ist vom Gefühl, verliebt zu sein. Alle Widrigkeiten in unserem Alltag rücken in den Hintergrund, und wir sind erfüllt von einem satten Lebensgefühl. Sind wir verliebt, wollen wir im Grunde nichts anderes, als den anderen Menschen permanent sehen, riechen, schmecken, fühlen und hören. Und gleichzeitig ist es viel mehr und geht es viel tiefer, was die Attraktion des anderen ausmacht. So sind wir im Zustand des Verliebtseins bereiter und offener für die existentielle Sehnsucht in uns und für das gegenseitige Anklingen der Einheit, als es in unserem Alltag sonst der Fall ist. Ja, die ersten Wogen des Verliebtseins lassen uns – im Vokabular der Mystik gesprochen – sogar die vollkommene Liebe und die Einheit ahnen, die wir im tiefsten Innern sind, oder lassen sie uns manchmal sogar unmittelbar erfahren. Dabei gilt das Sehnen eigentlich gar nicht nur demjenigen, der uns den Kopf verdreht hat, sondern auch dieser vollkommenen Liebe bzw. dieser Einheit, die sich in der Liebe zum anderen widerspiegelt. Gleichzeitig verheißt er oder sie uns plötzlich, das längst verloren gegangene Gefühl der mystischen Einheit wiedererleben zu können, welches wir aus frühsten Kindertagen her kennen oder von welchem wir durch unser Menschsein alle eine Ahnung haben. Im Hinduismus heißt es hierzu, dass Babys im Mutterleib singen: »Lass mich nicht vergessen, wer ich bin.« Und dass sie nach der Geburt singen: »Jetzt habe ich es vergessen.« Besonders diese schlummernde Sehnsucht nach der Urerfahrung der Einheit ist es, die

uns im Zustand unseres Verliebtseins in einen außergewöhn-
lichen Bewusstseinszustand versetzen kann. Dadurch erleben
wir das Leben selbst in einer hohen Intensität und engen unseren Blick auf den anderen derart ein, dass wir alles andere
als weniger wichtig erleben. Darüber hinaus verklären wir unseren Blick auf den anderen, und wir sehen ihn meist anders,
als er tatsächlich ist. Vor diesem Hintergrund macht uns das
Verliebtsein ausgesprochen lebendig, optimistisch, rastlos und
gleichzeitig energiegeladen. Ja, wir sind in dieser Phase sogar manchmal in der Lage, Berge zu versetzen oder zumindest
unsere beste Absicht dazu zu bekunden, selbst dann, wenn der
andere uns im Moment noch nicht liebt, so wie die folgende
Geschichte erzählt:

Salomo und die verliebte Ameise

Der große König Salomo ging an einem wunderschönen Som-
mertag im Wald spazieren, als er an einem riesigen Ameisenhau-
fen vorbeikam. Als die Ameisen ihn erblickten, liefen sie sogleich
zu Tausenden auf ihn zu, grüßten ihn und erwiesen ihm ihre
Ehrerbietung. Aber eine von ihnen war so beschäftigt, dass sie
ihn gar nicht wahrnahm. Sie machte sich an einem riesigen Sand-
hügel zu schaffen, von dem sie emsig Körnchen für Körnchen
abtragen wollte. Er fragte die anderen, was diese Ameise tue,
und sie erzählten ihm, dass sie vorhabe, den ganzen Hügel abzu-
tragen. Voller Verwunderung ließ König Salomo sie zu sich rufen
und sprach zu ihr: »Kleine Ameise, so fleißig du auch bist, wirst
es doch nie schaffen, diesen Sandberg allein wegzuräumen. Die
Aufgabe, die du dir vorgenommen hast, übersteigt bei Weitem
deine Kräfte.«

Die kleine Ameise verbeugte sich vor ihm und erwiderte höf-
lich, aber bestimmt: »Oh großer König, schaue nicht auf meine
Größe. Was zählt, sind einzig mein Eifer und meine Hingabe.
Ich bin der Schönheit einer Ameise vollkommen verfallen. Sie
verließ mich aber mit den Worten: ›Trage diesen Sandhaufen ab
und beseitige so das Hindernis, das uns trennt.‹ Aus diesem

*Grund gebe ich mich bis zum letzten Atemzug dieser Aufgabe
hin. Und wenn ich dabei mein Leben lassen muss, so sterbe ich
wenigstens in der Hoffnung, sie wiederzutreffen. Oh König,
lerne von einer bejammernswerten Ameise, was die Kraft der
Liebe ist, lerne von einem Blinden das Geheimnis des Sehens.«*[10]

Die Liebe kann uns aber auch so blind machen, dass wir in den
anderen alles hineininterpretieren, was wir in ihn hineininterpretieren wollen. Und so wir legen unsere Träume, Wünsche
und Erwartungen in den anderen hinein. Somit ist es gar nicht
so sehr der andere Mensch, der uns in diesen euphorisierenden,
glücklichen Zustand versetzt. Es sind vielmehr unsere eigenen
Gedanken, Vorstellungen und Konzepte, die uns in den siebten
Himmel hineinkatapultieren. In diesem Zustand kann es uns
schnell passieren, dass wir aus unserem Gegenüber einen Menschen machen, dem wir vermeintlich alles sagen können und
der vermeintlich all unsere Gefühle versteht und teilt und mit
dem vermeintlich alles wie von selbst zu gehen scheint und mit
dem wir vermeintlich eins sind. Dieser Zustand des Verliebtseins dauert in der Regel eine Zeitlang an und kann dann in
den Zustand der Liebe übergehen, was bei der Mehrheit von
Menschen, die eine Partnerschaft führen, der Fall ist.

---

10 nacherzählt nach Michel Piquemal, Philofabelhaft, S. 104

2. Stufe: Projektionen zurücknehmen

Alle meine Träume hängen an deinem Golde ...
Else Lasker-Schüler

Irgendwann kommt für jeden von uns, wenn wir uns für eine Partnerschaft entschieden haben, der Punkt, an dem wir die Verklärung des anderen Zug um Zug und wieder und wieder loslassen müssen. Das geschieht in der Regel dann, wenn unsere beiden Welten aufeinanderprallen, während wir dabei sind, unsere gemeinsame Welt aufzubauen. Getragen von der Liebe zum anderen, die auch hier das Allerwichtigste ist, gewinnt der Alltag für jeden von uns wieder mehr Gewicht. Dabei stellen wir inmitten des Rausches des Verliebtseins ernüchtert fest, dass der andere oft gar nicht so ist, wie wir dachten. Zumeist sind wir darüber sehr enttäuscht, und diese Wahrnehmung von entlarvter Täuschung bestätige ich in meiner Praxis immer wieder als genau richtig und nicht als Anzeichen eines nahenden Beziehungsendes. Wir sind tatsächlich enttäuscht, und zwar weniger darüber, dass der andere das nicht erfüllt, was wir in ihn hineininterpretiert haben, sondern darüber, dass wir in den anderen etwas hineingelegt haben, was er nicht ist oder als was wir ihn gern gehabt hätten. Wir waren es und nicht der andere. Wie es aussieht, wenn wir den anderen durch unsere Projektionen betrachten und diese zurücknehmen müssen, zeigt folgende Geschichte:

Claudia und der vermeintliche Betrüger
Claudia hatte einen neuen Freund, der zum ersten Mal in ihrer Wohnung übernachtete. Am nächsten Morgen, nachdem sie geduscht hatte, ging sie in ihr Arbeitszimmer und wollte mit dem

50-Euro-Schein, der noch auf ihrem Schreibtisch lag, einkaufen gehen. Aber sie konnte das Geld nicht finden. Sofort kam Claudia ihr neuer Freund in den Sinn, den sie verdächtigte, das Geld gestohlen zu haben. Nach ihrer Ansicht hatte der Mann plötzlich etwas von einem Betrüger: er ging wie ein Betrüger, sah aus wie ein Betrüger, schaute misstrauisch wie ein Betrüger und sprach immer um den heißen Brei herum, wie nur Betrüger sprechen können. Sie konnte ihn aber nicht mehr darauf ansprechen, weil er ihre Wohnung verlassen hatte, als sie unter der Dusche gestanden hatte. Und wahrscheinlich, so glaubte sie, hatte er genau dann, als sie schon im Bad war und bevor er die Wohnung verließ, das Geld eingesteckt. Am selben Abend, bevor sie ihren Freund wiedertreffen würde und ihn dabei auf den Diebstahl ansprechen wollte, fand sie das Geld wieder. Sie hatte es in eine Tasche ihrer Jeans gesteckt und völlig vergessen, es vom Schreibtisch genommen und vorausschauend dort verstaut zu haben. Als sie ihren Freund am Abend dann sah, ging er, sprach er und sah er aus wie ein ganz gewöhnlicher Mann.

Natürlich hat sich der Partner uns wochen- oder monatelang von seiner Schokoladenseite präsentiert und sich uns möglicherweise hier und da angepasst oder bestimmte Marotten unterdrückt oder uns bestimmte Wünsche buchstäblich von den Augen abgelesen. So gesehen hat er es uns ganz leicht gemacht, dass wir in ihn etwas hineininterpretieren konnten. Wir haben uns umgekehrt ihm gegenüber wahrscheinlich ähnlich verhalten, sodass er es so gesehen auch ganz leicht hatte, in uns seine Idealvorstellungen wiederzufinden. Vielleicht haben wir uns beide aber auch so gegeben, wie wir eben sind, und uns gegenseitig dennoch mit Projektionen gefüllt, ohne es zu merken. Das ist im Zuge des Verliebtseins ganz natürlich. Das, was wir an Projektionen nun zu uns zurücknehmen sollten, um unsere gemeinsame Welt zu bauen, sind etwa unsere Wünsche, Glaubenssätze und Übertragungen, besonders von den Eltern, sowie auch spezifische kulturelle und religiöse Aspekte und auch Elemente unserer eigenen Schattenseiten, die wir auf den anderen übertragen haben. Unsere Projektionen werden darüber hinaus auch von unserer generellen Sicht auf das Leben geprägt. Was es mit dieser auf sich hat und wie diese sich auswirkt, zeigt folgende Geschichte:

Die gute und die schlechte Sichtweise

Lord Krishna wollte die Weisheit seiner Könige prüfen. Eines Tages ließ er König Duryodana zu sich rufen. Duryodana war im ganzen Königreich für seine Grausamkeit und seinen Geiz bekannt, und seine Untertanen lebten in Entsetzen vor ihm. Lord Krishna forderte ihn auf, die ganze Welt zu bereisen, um einen wahrhaft guten Menschen zu finden. Duryodana machte sich gehorsam auf die Suche. Nach langer Zeit kehrte er von seiner Suche zu Lord Krishna zurück und sagte: »Ich habe getan, was du mir aufgetragen hast, und die ganze Welt nach einem wahrhaft guten Menschen abgesucht. Er ist nicht zu finden. Alle sind selbstsüchtig und böse. Nirgends gibt es diesen guten Menschen, den du suchst!«

Lord Krishna schickte ihn fort und ließ König Dhammaraja zu sich kommen. Dieser war für seine Freigiebigkeit und Güte bekannt und beim ganzen Volk sehr beliebt. Krishna befahl ihm, die ganze Welt zu bereisen, um ihm einen wahrhaft bösen Menschen zu bringen. Auch Dhammaraja gehorchte und kehrte nach langer Zeit zu Krishna zurück und sagte: »Lord Krishna, ich habe versagt. Es gibt Leute, die irregeleitet sind, Leute, die aus Blindheit handeln, aber nirgends konnte ich auch nur einen wahrhaft bösen Menschen finden. Trotz all ihrer Fehler sind sie doch im Herzen gut.«

In meiner Praxis stelle ich immer wieder fest, dass es besonders zu Beginn einer Beziehung schmerzvoll und schwierig ist, die Projektionen zurückzunehmen, eben weil wir von der Verliebtheit in die Ernüchterung fallen. Auch im Laufe der Jahre gilt es immer wieder, auftauchende Projektionen zu identifizieren, zurückzunehmen und bestenfalls aufzulösen. Nachdem wir das Erkennen von Projektionen normalerweise als Enttäuschung erleben und diese in der Regel als leidvoll erfahren, fällt es uns auch nicht leicht, uns bewusst zu machen, dass jede entdeckte Projektion eine Herausforderung für uns und für den anderen ist. Natürlich ist es schmerzvoll, wenn wir erkennen, dass der andere nicht so tolerant, gradlinig und interessiert ist, wie wir anfangs glaubten. Gleichzeitig ist es auch heilsam, wenn wir erkennen, dass er nicht so engstirnig, ängstlich, geizig oder egoistisch ist, wie wir vielleicht anfangs befürchteten. So geht es doch nur darum, dass dadurch unser Blick auf uns selbst, den anderen und unsere Beziehung wahrhaftiger wird. Über das Zurücknehmen der Projektionen erwachen wir und unsere Beziehung im besten Sinne, indem wir uns mehr und mehr von etwas lösen, das nicht real ist – denn Projektionen speisen sich letztlich aus Erfahrungen aus der Vergangenheit und aus Hoffnungen für die Zukunft. Vor diesem Hintergrund sind auch die Auseinandersetzungen, Streitereien und Krisen in der Partnerschaft, die zwangsläufig auftauchen, wenn Projektionen sichtbar werden, keine Kriege. Es sind letztendlich jeweils sicht- und fühlbar gewordene Anzeichen dafür, dass wir unsere Projektionen noch nicht vollständig überwunden haben. Genau dies ist aber notwendig, um wahrhaftig zu werden und um bedingungslos zu lieben. Deshalb sollten wir Krisen nicht verfluchen, sondern sollten sie begrüßen, denn je mehr wir bereit sind, vollkommen loszulassen von allen Projektionen, umso mehr ebenen wir uns den Weg für das Gewahrsein und für eine authentischere Begegnung mit dem anderen. Das soll natürlich nicht heißen, dass es dann keine Auseinandersetzungen und Krisen mehr innerhalb der Beziehung geben wird, aber deren Qualität ist dann eine andere. Wird unsere Beziehung authentischer, sind Auseinandersetzungen und Krisen einfacher zu meistern.

Projektionen-Zurücknehmen ins Leben bringen

Öffnet man die Augen,
wird jeder Tag zum Erlebnis.
<small>UNBEKANNT</small>

● **Tipp:** Die Partnerschaftsannonce
Solange unserer Partner mit unseren Projektionen überlagert wird, ist es schwierig, eine langfristig zufriedenstellende Beziehung zu führen. Wie aber finden wir heraus, was wir auf den anderen projizieren? Die folgende Hilfestellung unterstützt uns darin, ein genaueres Bild davon zu bekommen:

Schritt 1: Stellen Sie sich vor, dass Sie für eine Partnerschaftsvermittlung ein Partnerprofil aufgeben, und schreiben Sie all die Eigenschaften auf, die Sie sich von Ihrem Traummann oder von Ihrer Traumfrau wünschen.

Schritt 2: Gehen Sie nun die Eigenschaften nacheinander durch, die Sie diesem Menschen ihrer Träume zugeschrieben haben. Prüfen Sie, welche Erwartungen an den anderen dahinterstecken, und überlegen Sie dann, ob Sie wirklich brauchen, was Sie sich hier wünschen, oder ob es sich um überholte Konzepte handelt.

● **Tipp:** Weg von »müssen«, »sollen« und »können«
Wenn Sie sich dabei ertappen, etwa zu denken »er müsste ...« oder zu sagen »du solltest ...« oder »du könntest ...«, dann überprüfen Sie, ob sich hinter Ihrer Formulierung eine Projektion auf den anderen verbirgt.

✧ **Krisenintervention:** Gemeinsam prüfen
Setzen Sie sich mit Ihrem Partner zusammen und schreiben Sie jeweils auf, wie Sie den anderen sehen. Sagen Sie dann dem anderen, was Sie festgehalten haben, und fragen Sie sich gegenseitig, ob Ihre Sicht des anderen wirklich richtig ist.

3. Stufe: Nähe-Distanz regulieren

Abstand zu wahren ist der kürzeste Weg
in die Nähe des anderen.

UNBEKANNT

Während wir zu Beginn des Verliebtseins möglichst keine Minute ohne den anderen verbringen möchten, kommt früher oder später der Zeitpunkt, an dem die Beziehung eine andere Regulierung von Nähe und Distanz braucht. Gemeint ist, dass wir zusammen mit dem Partner ausbalancieren müssen, wie viel Nähe und Distanz wir jeweils für uns selbst und für die Beziehung brauchen, um uns wohlzufühlen und uns entwickeln zu können. Gleichzeitig soll der Partner natürlich auch gut mit dieser Regelung leben können.

Sowohl Nähe als auch Distanz sind wertneutral und gleichwertig, und beide sind sie als Bewegungen für die Lebendigkeit einer Partnerschaft maßgeblich. Das rechte Maß an Nähe und Distanz miteinander wird in einer Partnerschaft zumeist mehr oder weniger wüst ausgefochten und erst später, mit der Zunahme an Bewusstheit im Umgang mit diesem Austarieren, verändert sich der Umgang damit, und die Auseinandersetzungen darum sind dann nicht mehr ganz so heftig und weniger lang. Diese Notwendigkeit des Austarierens hängt damit zusammen, dass jeder Mensch ganz eigene Vorstellungen und auch ganz eigene Bedürfnisse in Bezug auf die rechte Handhabe von Nähe und Distanz hat – beides jeweils besonders durch seine Lerngeschichte geprägt. So kann einer von uns die Vorstellung haben, man sollte in der Partnerschaft alles miteinander machen. Gleichzeitig kann er auch spüren, dass er über seine Vorstellung hinaus jemand ist, der innerhalb seiner Partnerschaft auch viel Zeit für sich selbst braucht, um sich wirklich wohlzufühlen.

Über diesen inneren Konflikt hinaus kommt auch hinzu, dass es Berufe gibt, die uns so viel Aufmerksamkeit abverlangen, dass wir abends froh sind, wenn wir uns nicht mehr auf ein Gegenüber konzentrieren müssen. In diesen Stresssituationen stoßen bei einem Paar oft die jeweils eigenen Vorstellungen und Bedürfnisse mit den jeweils anderen heftig zusammen, und wir müssen verhandeln. Das, was wir dann in Bezug auf die Regulierung von Nähe und Distanz erleben, können wir von einem Ärgernis zu einer Herausforderung umdeuten, wie die folgende Geschichte zeigt:

Die Stachelschweine und das richtige Maß von Nähe

Es war ein außergewöhnlich kalter Wintertag. So kam es, dass sich eine ganze Schar Stachelschweine ganz dicht aneinanderdrängte, um sich zu wärmen. Aber so aneinandergeschmiegt piksten sie sich gegenseitig mit ihren spitzen Stacheln. Deshalb rückten sie wieder etwas weiter auseinander. Durch die Distanz begannen sie aber wieder zu frieren, also rückten sie wieder näher zusammen, spürten aber sofort wieder den stechenden Schmerz der Stacheln ihres jeweiligen Nachbarn. Dieses Hin und Her ging so lange, bis sie endlich die richtige Distanz zueinander gefunden hatten. Mit dem richtigen Abstand spürten sie die Wärme der anderen und wurden doch nicht von den Stacheln verletzt.

Diese Geschichte zeigt auch, wie normal es ist, dass es einige Zeit dauert, bis wir innerhalb unserer Partnerschaft die Balance gefunden haben, die uns beiden wirklich gut tut. Anders ausgedrückt geht es nur darum, in der Regulierung von Nähe und Distanz Raum für das Sein zu schaffen. Gleichzeitig gilt es, im Prozess der Partnerschaft diese Balance von Nähe und Distanz immer wieder neu und gemeinsam zu finden und zu kommunizieren. Wir müssen wahrhaftig darüber sprechen, wie viel Zeit wir miteinander verbringen wollen und wie wir sie gestalten wollen und wie viel Zeit wir für uns selbst brauchen und wie wir

diese füllen wollen. Und wir sollten auch darüber nachdenken,
wie wir unsere Zeit verbringen möchten, wenn der Partner Zeit
für sich braucht. Auszutarieren heißt auch herauszufinden, wie
wir individuell unterschiedliche Grenzen handhaben, wenn es
etwa einem nach mehr Nähe ist und der andere gerade Zeit für
sich braucht.

Wenn wir in der Partnerschaft um Nähe und Distanz ringen,
taucht in der Regel auch die Frage auf, ob wir jeweils unseren
eigenen Freundeskreis wirklich pflegen, was in der Regel den
Frauen besser gelingt als den Männern. Auch stellt sich oft
die Frage, ob wir unseren eigenen Interessen noch ausreichend
nachkommen, wie etwa Sport zu treiben oder ein Instrument zu
spielen. Oft wird bei dem Balancieren von Nähe und Distanz
auch deutlich, dass einer von uns kein Hobby hat oder gar
nicht weiß, was ihm Freude und Ausgleich verschafft, weil er
bislang in seinem Leben noch nicht erfahren hat, dass neben
der Arbeit und der Beziehung auch etwas anderes noch Platz
haben darf und sogar bereichernd sein kann – auch für die
Arbeit und die Partnerschaft. Darüber hinaus erlebe ich es in
meiner Praxis immer wieder, wie befreit sich Klientinnen und
Klienten fühlen, wenn sie sich von dem wirklich sehr alther-
gebrachten Bild lösen, dass Liebespaare immer zusammen sein
sollten und sie nur gemeinsam etwas erleben dürfen. Wenn wir
innerhalb der Partnerschaft immer wieder etwas für uns allein
unternehmen, um uns als eigenständige Menschen wahrzunehmen, wird auch die beste Beziehung noch besser und eine ein-
gefahrene Beziehung leichter. Meiner Erfahrung nach spielt
Angst eine große Rolle im rechten Umgang mit Nähe und
Distanz. Wir können etwa Angst davor haben, dass wir uns
selbst bei zu viel Nähe verlieren. Oder wir können uns auch
davor fürchten, den anderen zu verlieren, wenn wir ihm zu viel
Freiheit gewähren.

Eine Klientin litt sehr darunter, dass ihr Freund zweimal die Woche zum Hockeyspielen ging und zweimal die Woche abends eine Fortbildung leitete und den beiden somit nur wenige gemeinsame Abende blieben. Anfangs gab es große Auseinandersetzungen, weil der Freund nicht auf seinen Sport verzichten wollte, weil er – wie er sagte – dadurch viel Energie bekam, um im Job bestehen zu können. Die Klientin brauchte lange, bis sie realisierte, dass ihr Freund sie liebte, unabhängig davon, wie viel Zeit sie miteinander verbrachten. Dann realisierte sie auch, dass sie es selbst nie gelernt hatte, Raum für sich selbst in Anspruch zu nehmen, da sie zusammen mit fünf Geschwistern aufgewachsen war. So kam es, dass sie es ihrem Freund nicht mehr zum Vorwurf machte, dass er Dinge für sich unternahm, sondern begann, sich mit ihren eigenen Bedürfnissen auseinanderzusetzen und dann bestimmte Hobbys zu realisieren – etwa einen Malkurs einmal die Woche abends zu besuchen. Gleichzeitig setzte ihr Freund sich mit der Frage auseinander, warum er anfangs so allergisch reagierte, wenn sie mehr Zeit mit ihm verbringen wollte, als es ihm lieb war. Er konnte erkennen, dass er Angst hatte, seine Unabhängigkeit zu verlieren. So reiften beide an dieser Auseinandersetzung.

Regulieren von Nähe und Distanz ins Leben bringen

Wer Nähe erleben will, muss sich immer wieder entfernen.

ANSELM VOGT

● **Tipp:** Seien Sie achtsam
Seien Sie jeweils eine Zeit lang achtsam, wie viel Nähe und wie viel Distanz Ihnen mit Ihrem Partner gut tun. Vereinbaren Sie

dann vor dem Hintergrund dieser Erfahrung einen Zeitpunkt, Nähe und Distanz neu auszuloten. Sprechen Sie dabei von sich, bleiben Sie konkret und hören Sie achtsam zu.

● **Tipp:** Bleiben Sie lebendig – für sich und für den anderen

Damit eine Beziehung langfristig lebendig bleiben kann und wir im Laufe der Zeit auch unsere Einzigartigkeit nicht verlieren, ist es wichtig, dass wir unsere Hobbys pflegen, die nur uns selbst erfüllen. Praktizieren Sie deshalb nach Möglichkeit ohne den Partner eine Sportart, eine kreative Aktivität oder irgendetwas, was Ihnen Spaß macht. Behalten Sie dieses Hobby auch ganz allein für sich. Dadurch bleiben Sie bei sich und wahren auch ein Stück Individualität.

● **Tipp:** Schätzen Sie die Andersartigkeit des anderen

Zur Nähe-Distanz-Regulierung gehört es auch, dass man dem anderen seine Andersartigkeit zugesteht. Auch wenn Sie etwa bestimmte Kleidungsstücke Ihres Partners nicht mögen, sollten Sie ihm diesen Freiraum lassen. Sonst gleichen wir uns mit der Zeit immer mehr aneinander an und werden farblos.

◇ **Krisenintervention:** Für beide soll es stimmen

Achten Sie darauf, dass das Verhältnis zwischen Nähe und Distanz ausgewogen ist. Wenn Sie zum Beispiel gerne allein mit Freunden verreisen, sollten Sie darauf achten, dass Sie im gleichen Maße das Bedürfnis des Partners decken.

4. Stufe: Bedingungslose Liebe

Wer vergleicht, liebt nicht mehr.
Wer liebt, vergleicht nicht mehr.

HAZRAT INAYAT KHAN

Liebe, wie sie normalerweise in unserer Gesellschaft definiert und gelebt wird, ist sehr stark auf die Befriedigung der eigenen Bedürfnisse ausgerichtet. Wer liebt einen anderen Menschen schon bedingungslos? Meistens lieben wir einen anderen Menschen, weil wir durch ihn irgendetwas bekommen: etwa Sicherheit, Zärtlichkeit, Anerkennung, materiellen Wohlstand, Aufmerksamkeit, Energie, Zufriedenheit oder Einheitsgefühle. Gibt der Partner uns dieses – oder andere Dinge – nicht mehr, dann haben wir leicht das Gefühl, ihn nicht mehr zu lieben. In einem solchen Fall meinen wir nicht den anderen, sondern nur das, was wir von ihm erhalten können, damit wir uns etwa besser, schöner, reicher, vollständiger oder zufriedener fühlen. Somit müssten wir eigentlich hier jedes Mal anstelle von »Ich liebe dich!« richtigerweise zu ihm sagen: »Ich benutze dich!« Dieser Zusammenhang ist uns meist nicht bewusst, weil wir so damit beschäftigt sind, nach äußerer Bestätigung zu jagen.

Was ist nun bedingungslose Liebe? Sind wir überhaupt in der Lage, einen anderen Menschen wirklich bedingungslos zu lieben? Der bedingungslosen Liebe können wir uns zumeist nur annähern und sie daher nur momentweise erfahren. Auch wenn wir uns bemühen, die verschiedenen Stufen einer Beziehung wirklich bewusst zu durchleben, pendeln wir realistischerweise wahrscheinlich immer zwischen den Zuständen des Habens und des Seins hin und her, einfach weil wir Menschen sind. Demzufolge werden wir der bedingungslosen Liebe einmal weniger nah und einmal näher sein und sie manchmal möglicherweise auch ganz tief erleben. Gleichzeitig ist es natürlich ein erfüllendes Gefühl, wenn wir im Verlauf einer Beziehung merken, dass wir uns nicht mehr ganz so schnell vom Partner in einen Streit verwickeln lassen oder selbst nicht mehr ganz so viel vom Partner fordern, dass wir nicht mehr ganz so viel auf ihn projizieren und dass auch Auseinandersetzungen und Krisen nicht mehr ganz so lange dauern. Und natürlich bereitet es große Freude, wenn wir merken, dass wir die verschiedenen Stufen konstruktiv zusammen erleben und das Gefühl haben, für uns allein und auch als Paar gewachsen zu sein und immer weiter zu wachsen.

Wenn es uns also gelingt, die Partnerschaft nicht mehr als etwas zu benutzen, das uns hilft, unsere Bedürfnisse zu befriedigen, unseren Mangel auszufüllen, dann nähern wir uns in unserer Beziehung der bedingungslosen Liebe an. Wenn wir unseren Partner so annehmen, wie er ist, ohne das Bedürfnis, ihn zu verurteilen oder zu verändern, dann erleben wir bedingungslose Liebe. Denn nur dann, wenn es kein Opfer und keinen Täter, keinen Ankläger und keinen Angeklagten und auch keinen Abhängigen oder Ko-Abhängigen mehr gibt, dann erleben wir bedingungslose Liebe. Bedingungslose Liebe ist ein Seinszustand, in dem sich der andere als wahrhaftiges Gegenüber offenbaren kann, in dem wir ehrlich und klar mit uns und mit dem anderen sind.

Der durchtrennte Nerv

Ein Arzt steht am Bett einer jungen Frau, deren Mund durch die Entfernung eines Tumors verzogen ist. Der junge Ehemann ist mit im Zimmer und lehnt an der Kopfseite ihres Bettes. Der Schimmer der Nachttischlampe beleuchtet die beiden, die nur füreinander da zu sein scheinen. »Wie diese beiden Turteltauben wohl damit fertig werden?«, denkt der Arzt bei sich, und in diesem Moment dreht die Frau ihren Kopf zu ihm und fragt ihn: »Wird mein Mund jetzt immer so schief bleiben?« – »Ja«, antwortet der Arzt, »ich musste den Nerv durchtrennen.« Während

sie nickt und schweigt, lächelt ihr Mann sie an und sagt: »Mir
gefällt es, weil es irgendwie so verschmitzt aussieht.« In diesem
Moment begreift der Arzt die Größe des Ehemannes. Dieser
beachtet den Arzt nicht weiter, beugt sich zu seiner Frau und
verzieht seinen Mund so, dass er sie noch genauso gut küssen
kann.[11]

Darüber hinaus können wir auch erfahren, dass diese bedingungslose Liebe im Sein zu Hause ist, ja, dass die bedingungslose Liebe sogar das Sein selbst ist und dass wir sie aus diesem
Grund nie verlieren können. Andererseits wird sie auch uns nie
verlassen. »Liebe ist die Verwirklichung von Einheit«, so
drückt es Eckhart Tolle aus und beschreibt damit, dass diese
Liebe »nicht wählerisch ist, genau wie das Sonnenlicht nicht
wählerisch ist. Sie bevorzugt niemanden. Sie schließt nichts
aus.« Die bedingungslose Liebe ist immer anwesend, und in der
Liebe zum anderen spüren wir das Feuer dieser allgegenwärti-
gen Liebe. In ihr liegen Leichtigkeit und Freiheit im Umgang
mit uns selbst und miteinander.

Bedingungslose Liebe ins Leben bringen

Und doch lässt etwas Kirschen blühen im April.
KONSTANTIN WECKER

● **Tipp, Übung und** ✧ **Krisenintervention:**
Herzmeditation
Unabhängig davon, in welchem Zustand Sie sich mit sich oder
mit Ihrem Partner befinden, lassen Sie sich einmal auf das
Experiment ein, folgende Meditation zu praktizieren, um mit
der bedingungslosen Liebe in Kontakt zu kommen:

11 Vgl. Jack Kornfield: Offen wie der Himmel, weit wie das Meer, S. 116

- Setzen Sie sich bequem hin und wenden Sie sich ganz nach innen, werden Sie still und beobachten Sie Ihren Atem für einen Moment.
- Nun wenden Sie sich Ihrem Herzen zu und spüren der Liebe nach, die Sie sind. Da ist eine Herzenswärme, einer kleinen Flamme gleich. Empfinden Sie diese Zärtlichkeit des Seins, die Sie ganz in Liebe hüllt.
- Lassen Sie Ihren Herzraum sich weiter ausbreiten, sodass auch der ganze Raum, in dem Sie sitzen, darin Platz hat, und spüren Sie der Liebe nach, die nun auch diesen ganzen Raum im Herzen empfängt.
- Und nun wird das Herz noch weiter. Es vermag das ganze Haus, die Nachbarschaft, ja, das ganze Dorf oder auch die ganze Stadt in sich bergen. Und noch immer spüren Sie diese Zärtlichkeit und die Liebe für alles.
- Nun erweitert sich Ihr Herz noch mehr, und jetzt befinden sich darin die ganzen an unseren Lebensraum angrenzenden Regionen, bis ganz Europa sich darin widerspiegelt, in Ihrem Herzen voller Liebe.
- Und das Herz wird noch weiter. Es vermag nun die ganze Erde in sich zu halten, alle Kontinente und alle Meere.
- Sie sehen diesen wunderschönen, blauen Planeten als Ganzes, Sie sehen, wie sich die Erde um die eigene Achse dreht, lautlos schwebend in der Unendlichkeit des Alls.
- Nun wird Ihr Herz so weit, dass sich das ganze Universum darin widerspiegeln kann – die Weite des Alls – liebend gehalten im Herz der Herzen. Welch zärtliches Dasein!
- Allmählich kommen Sie wieder zurück ins Hier und Jetzt, spüren Ihren Körper, die Sitzknochen auf dem Stuhl oder der Unterlage, auf der Sie sitzen.[12]

12 nach einer Übung aus Annette Kaiser: Jenseits aller Pfade (Audiobook)

Teil 4

~⚬⚬⚬~

Philosophieren, erkennen und feiern

Lasst Lachen und geteilte Freude die Süße eurer Liebe[13] *sein.*
Denn im Tau der Kleinigkeiten findet das Herz sein Morgen
und wird erfrischt.

Khalil Gibran

13 Im Original steht »Freundschaft« statt »Liebe«.

Unser Partner, unser Meister

Es ist nicht deine Aufgabe, mich zu lieben.
Es ist meine.

Byron Katie

Auch wenn wir uns in unserer Partnerschaft in Achtsamkeit, Wertschätzung, Dankbarkeit und Verzeihung üben und erkennen, wo wir in unserer Beziehung stehen, können wir dennoch in einem Streit daran zweifeln, ob der Partner, der uns gerade verbal einen Tiefschlag versetzt hat, wirklich der Richtige für uns ist. Genauso schwierig kann es sein, den Menschen, mit dem wir Tisch und Bett teilen, als den Passenden zu empfinden, wenn wir durch unvorhersehbare kritische Lebensereignisse, wie etwa durch einen schweren Unfall oder durch Arbeitslosigkeit, über den normalen Alltag hinaus gefordert sind. Hier fühlen wir uns vielleicht nicht genügend unterstützt, wenn der Partner darüber mault, nun mehr Pflichten im Haushalt als üblich tragen zu sollen, da wir nach der Entlassung aus dem Krankenhaus mit Gips und Krücken für so vieles einfach noch außer Gefecht gesetzt sind. Oder wir fühlen uns alleingelassen und missverstanden, wenn der Partner unsere schlechte Laune, ausgelöst durch den Arbeitsplatzverlust, nicht mehr länger ertragen will. Oder aber wir fragen uns ab und an einfach, ob unser Partner wirklich das Nonplusultra für uns ist, etwa wenn ihm und uns die frühere Spontaneität und Freude in der Hektik des Alltags immer mehr abhanden gekommen sind. Oft erscheint es uns einfacher, diese Frage zu stellen, anstatt gemeinsam zu entschleunigen, einander zu lieben, miteinander zu reden oder einfach zusammen zu sein.

Viele Menschen, die in meine Praxis kommen, stellen sich immer wieder die Frage, ob der Mensch, mit dem sie zusammenleben, der Richtige ist. Der bekannte Familientherapeut Bert Hellinger hat auf die Frage, wer der richtige Mann und wer die richtige Frau sei, eine ebenso schlichte wie kluge Antwort. Er sagt: »Der richtige Mann und die richtige Frau sind selten zu finden. Der gute Mann und die gute Frau sind für gewöhnlich genug.«[14] Mehr als sich auf den einen einzulassen, den das Leben uns bringt, braucht es in der Regel nicht – dies allerdings immer und immer wieder.

Aber auch Künstler, spirituelle Lehrer aus Ost und West sowie Philosophen und Psychologen machen sich seit jeher und bis dato Gedanken darüber, was in einer Liebesbeziehung zwei Menschen auf einer tieferen Ebene bindet. Der schwedische Filmemacher Kay Pollack schreibt: »Ich kann von jedem, dem ich begegne, etwas lernen. Oder können Sie einen einzigen Menschen in Ihrer Umgebung ausfindig machen, von dem Sie nichts lernen können?«[15] Denken wir diese Aussage in unserem Kontext hier weiter, können wir davon ausgehen, dass der Mensch, mit dem wir eine Partnerschaft führen, ganz besonders lehrreich für uns ist, weil er in der Regel 24 Stunden am Tag, sieben Tage die Woche und 365 Tage da ist. Mit ihm können wir Achtsamkeit, Dankbarkeit, Wertschätzung und das Verzeihen lernen, mit ihm können wir unseren Alltag in ein gesundes Maß bringen und die Liebe, die im Sein und in uns liegt, lebendig halten. Niemand kann uns so als Lehrmeister dienen wie unser Partner und uns damit auch in unserer ganz persönlichen Weiterentwicklung so unterstützen. Denn kein anderer Mensch fordert uns immer wieder aufs Neue heraus, achtsam und dankbar und wertschätzend zu sein und immer wieder zu verzeihen. Und kein anderer Mensch – mit Ausnahme unserer selbst – ist ein so guter, so unmittelbarer Maßstab, um uns aufzuzeigen, ob wir in unserer Mitte sind.

14 Hellinger, Bert: Finden, was wirkt, S. 16
15 Pollak, Kay: Durch Begegnung wachsen, S. 13

Sich selbst erkennen

Was du siehst, ist dein Gesicht.
Was du über jemanden denkst,
das denkst du über dich selbst.

YUNUS EMRE

Deshalb bitte ich Klienten, wenn sich diese durch ihren Partner verärgert, irritiert, wütend, enttäuscht oder verletzt fühlen, weil die Ehefrau, der Verlobte, die Partnerin oder der Ex ihnen wieder Dreistes gesagt oder angetan haben, folgende Frage in Erwägung zu ziehen: Vielleicht ärgern Sie sich weniger über den anderen als über sich selbst? Dann zitiere ich sinngemäß gern die spirituelle Lehrerin Annette Kaiser, die nicht müde wird zu wiederholen: »Wenn wir uns länger als drei Minuten über etwas ärgern oder an etwas hängenbleiben, dann hat es mit uns selbst und nicht mit dem anderen zu tun.«

Für manchen ist eine solche Sichtweise zunächst oft schwere Kost. Wie viel einfacher ist es doch, vermeintliche Knackpunkte beim Partner zu beklagen, als sich mit seinen eigenen ehrlich zu konfrontieren. Und nun soll hinter der Beziehungsunfähigkeit, die uns beim anderen so anhaltend ins Auge springt, ein eigener Schwachpunkt stecken? Macht es uns etwa rasend, dass unser Partner so beharrlich schweigt, wenn er über etwas nicht sprechen möchte, dann könnte unser Ärger uns einen Hinweis darauf geben, wie schwer es uns fällt, uns konsequent abzugrenzen. Anstatt weiter zu lamentieren oder die Flinte ins Korn zu werfen, ist hier die Methode der Wahl, sich wirklich ernsthaft mit sich selbst auseinanderzusetzen und so herauszufinden, was los ist, und es aufzulösen. All unsere Schattenseiten würden wir ohnehin auch in eine nächste Beziehung mitnehmen, wie die folgende Geschichte zeigt:

Ich bin immer dabei

Felix hatte wieder einmal die Nase voll von den Frauen. Er emp-
fand sie als zickig und hatte das Gefühl, dass keine ihn wirklich
verstand. Er meldete sich zu seinem ersten Meditationsretreat
an, das in der Wüste stattfand. Er war froh, endlich einmal keine
Frau um sich zu haben, die ihm – wie so oft – die Laune verder-
ben würde. Bereits am ersten Tag fühlte Felix sich fürchterlich:
Es war ihm zu heiß, die Fliegen störten ihn, das Essen schmeckte
ihm nicht, ja, alles ging ihm so sehr auf die Nerven, dass er mit-
ten in einer Meditation aufstehen wollte, um abzureisen. In dem
Moment, als er seine Sandalen anzog, um seinen Entschluss aus-
zuführen, sah er nicht weit entfernt einen anderen Mann, der
sehr übellaunig war und ihm verblüffend ähnlich sah. Er zog
ebenfalls die Sandalen an und wollte gehen. »Wer bist du?«,
fragte er den Fremden. »Ich bin dein eigenes Ich«, lautete die
Antwort, »und wisse: Wohin du auch immer gehst, ich gehe stets
mit dir.«

Eckhart Tolle drückt sich an dieser Stelle noch deutlicher aus,
wenn er sagt, dass unsere Beziehungen nicht dazu da sind, uns
glücklich zu machen, sondern dass sie uns darin unterstützen,
zu reifen und zu wachsen und uns immer mehr in den gegenwärtigen Moment zu bringen. Es ist also nicht unser Partner,
der dafür zuständig ist, dass wir glücklich sind, sondern es ist
unsere ureigenste Aufgabe, unsere neuralgischen Punkte aufzulösen und bewusster für den Moment zu werden. Eines habe ich
in meiner Praxis immer wieder mitverfolgen dürfen: Wenn wir
uns ganz auf uns selbst, unseren Partner und unsere Beziehung
einlassen, dann verhilft sie uns nicht nur zu persönlicher Entwicklung, sondern auch zu spirituellem Wachstum.

Sie sind mehr, als Sie denken

Wir sind Liebe, und es gibt nichts, was wir dagegen tun können.
Unser Wesen, das, was wir ohne unsere Geschichte sind, ist Liebe.

BYRON KATIE

Normalerweise erfahren wir uns selbst als ein getrenntes Wesen, welches sich seiner eigenen Quelle, dieser tiefen bedingungslosen Liebe, aus der das Leben und die Liebe eine so unverwechselbare einmalige Qualität erhält, nicht bewusst ist. Gleichzeitig aber erahnt ein Teil in uns diese Liebe und sehnt sich ein Leben lang danach. Somit gilt es, diese alles überdauernde und alles überlagernde Sehnsucht, dieses Gefühl des Getrenntseins zu überwinden, um die unermesslich tiefe Erfahrung der bedingungslosen Liebe in uns selbst zu machen. Viele Menschen machen diese Erfahrung zufällig in der Natur, etwa beim Bergwandern, ohne dies zuordnen zu können. Viele Menschen suchen auch gezielt danach, etwa in Meditationsretreats, die zum Ziel haben, eine solche Erfahrung zu erlangen. In meiner Praxis versuche ich den Klienten immer wieder zu vermitteln, dass wir in dieser Erfahrung der Einheit, in der wir das Gefühl, getrennt zu sein, überwinden, mit dem Sein in Kontakt kommen. Mit diesem Sein meine ich jene bedingungslose Liebe, die nichts fordert, nichts will, nichts soll und nichts muss und aus der heraus wir absichtslos liebend sind. Können sich die Klienten im Laufe der Therapie mehr und mehr diesem Sein zuwenden, erleben sie, dass wir, unser Partner und ich, in dieser Erfahrung nicht mehr getrennt voneinander sind. So wie es folgende Geschichte, die aus dem Sufismus stammt, beschreibt:

Der Geliebte klopft an

Es gibt eine Geschichte von Attar aus Neishapur. Der Verehrer klopfte des Nachts an die Tür seiner Geliebten: »Wer klopft?«, fragte die Geliebte von innen. »Ich bin es«, sagte ihr Liebhaber in der Hoffnung, dass sie ihn einlassen werde. Aber sie antwortete: »Dann geh weg. Dieses Zimmer ist zu klein. Es hat keinen Platz für dich und mich.« Der abgewiesene Verehrer ging zurück in sein Zimmer und meditierte viele Monate über die Antwort der Geliebten. Schließlich kehrte er zurück und klopfte eines Nachts wieder an ihre Tür. »Wer klopft?«, fragte sie. »Du bist es«, antwortete er dieses Mal. Und sofort tat sich ihm die Zimmertür auf.

Solange wir nicht um dieses Sein wissen, versuchen wir, ob in vielen verschiedenen Beziehungen oder in einer einzigen Partnerschaft, durch einen anderen Menschen den eigenen Zustand des Getrenntseins zu überwinden. Wir kennen dieses fade Gefühl, niemals wirklich zufrieden zu sein, nie gut genug zu sein und uns von uns selbst, anderen oder dem Leben abgeschnitten zu fühlen. Solange wir nicht wissen, wo genau wir nach der Erfüllung, der bedingungslosen Liebe, suchen sollen, suchen wir immer an der falschen Stelle, wie in der folgenden Geschichte:

Am falschen Ort auf der Suche

Eines Abends, als es schon spät war, sehen einige Freunde von Felix, wie er um einen Laternenpfahl herumgeht, sich bückt und später auch im weiteren Radius des Lichtes auf allen vieren herumkriecht und anscheinend etwas sucht. Als seine Freunde ihn fragen: »Was, um Himmels willen, suchst du denn zu dieser Stunde hier im Licht der Laterne?« Er antwortete, dass er sein neues Handy verloren habe. So bücken auch sie sich und suchen und suchen – erfolglos. Schließlich fragt ihn einer der anderen: »Wo genau hast du dein neues Handy verloren?« Felix antwortet: »Vor dem Haus.« Da fragen ihn seine Freunde verwirrt:

»Und warum suchst du es dann hier auf der gegenüberliegenden Seite deines Hauses unter dem Laternenpfahl?« – »Weil hier mehr Licht ist«, antwortet Felix, bückt sich wieder auf alle viere und sucht weiter.

Gelingt es uns allerdings, mit diesem Sein in Kontakt zu kommen, erfahren und erkennen wir, dass wir selbst diese tiefe Hingabe, klare Offenheit und bedingungslose Liebe haben und sind. Das Wunderbare ist, dass wirklich jeder diese Erfahrungen machen kann, unabhängig davon, wo er oder sie im Leben steht. Oft gelingt es uns nicht, von allein damit in Kontakt zu kommen, weil wir einfach nicht glauben können, dass diese tiefe Liebe immer gegenwärtig ist. Innerhalb einer Liebesbeziehung kann uns jedoch manchmal ganz unvermittelt das Du, also der Partner oder die Partnerin, für einen kurzen Moment oder auch länger mit diesem Sein, diesem Gewahrsein oder jener Liebe oder Vollkommenheit in Kontakt bringen. Manchmal erfahren wir dies am Anfang einer Beziehung in der totalen Verliebtheit oder manchmal auch in der Sexualität.

Solange wir also nicht durch uns selbst mit diesem Sein, und damit mit dem Gefühl der Einheit, in Kontakt kommen und diesen Kontakt halten und nähren können, wird ein anderer Mensch dieses Gefühl des Getrenntseins, diesen Schmerz der Unvollkommenheit, das vertraute Gefühl, mangelhaft zu sein, in uns selbst nur eine Zeit lang überdecken können. Und gerade in dem Moment, in dem ein anderer dieses Gefühl des Getrenntseins von uns nicht mehr fernhalten kann, beginnt der sich immer wiederholende Leidensprozess. Sind wir uns dieses Prozesses nicht bewusst, manchen wir den anderen für das Leid verantwortlich, das dabei entsteht. Wir leiden, weil wir enttäuscht darüber sind, auch an der Seite eines Partners immer wieder auf uns selbst zurückgeworfen zu sein und unser Gefühl von Unvollkommenheit zu erleben. Wir leiden, weil wir aufgefordert sind, dieses Sein in uns und durch uns selbst zu finden und zu pflegen. Wir leiden so lange, bis wir erkennen, dass nicht der andere für unser Leid verantwortlich ist, sondern wir selbst. Gelingt es uns, diese Erkenntnis innerhalb der Partnerschaft zu machen, haben wir eine wirklich basale Einsicht gewonnen. Wir selbst sind für unser Glück verantwortlich. Wir selbst sind aufgefordert, uns in uns zu begegnen. Und dieses können wir in einer Partnerschaft an der Seite des anderen und zusammen mit dem anderen erleben. Oder in den Worten Khalil Gibrans: »Liebe ist die Verschmelzung von Himmel und Erde, von Vergangenheit und Zukunft, von Gesang und Tanz. Sie ist erfüllte Ganzheit.«

Anstelle eines Nachworts

Ich hoffe, dass es mir mit diesem Buch gelungen ist, Ihnen zu vermitteln, dass es in Ihrer Beziehung nur stetiger kleiner Kurskorrekturen bedarf, damit Ihre Partnerschaft lebendig und leicht sein kann. Und somit bleibt mir an dieser Stelle nur, Ihnen weiterhin viel Freude zusammen mit dem Menschen zu wünschen, den Sie von ganzem Herzen lieben.

April 2009   *Katja Kaiser*

Literatur

Byron, Katie: Über Liebe, Sex und Beziehungen, Goldmann 2006

Byron, Katie: Lieben was ist. Wie vier Fragen Ihr Leben verändern können, Goldmann 2002

Gibran, Khalil: Der Prophet, Patmos 2006

Grün, Anselm: Jeder Tag ein Weg zum Glück, Herder 2005

Föllmi, Danielle und Olivier: Die Weisheit des Orients, Knesebeck Verlag 2008

Iding, Doris: Rituale fürs Alleinsein, Königsfurt Verlag 2003

Hellinger, Bert: Finden, was wirkt – Therapeutische Briefe, Kösel 1993

Kabat-Zinn, Jon: Stressbewältigung durch die Praxis der Achtsamkeit (Audiobook), Arbor 1999

Kabat-Zinn, Jon: Im Alltag Ruhe finden: Meditationen für ein gelassenes Leben, S. Fischer Verlag 2007

Kaiser, Annette: Im Kreis der Liebe leben: Mut zum wahren Mensch-Sein, Aquamarin 2008

Kaiser, Annette: Manifest der Liebe: Meditationen und Kontemplationen, Theseus 2006

Kaiser, Annette: Der Weg hat keinen Namen: Leben und Vision einer Sufi-Lehrerin, Theseus 2003

Kaiser, Katja: Wie deine Wünsche wahr werden, Gräfe und Unzer 2008

Kaiser, Katja und Doris Iding: Ayurveda Oasen, AT Verlag 2006

Kaiser, Katja und Doris Iding: Business Yoga, Droemer Knaur 2005

Kaiser, Katja und Doris Iding: Yoga der Gegenwärtigkeit, J. Kamphausen Verlag 2005

Kaiser-Asmodi, Katja: Suizidprävention bei Adoleszenten, Peter Lang Verlag 1997

Kane, Ariel & Shya: Das Geheimnis wundervoller Beziehungen, Windpferd 2008

Kornfield, Jack: Frag den Buddha und geh den Weg des Herzens, Kösel 1995

Kornfield, Jack: Geschichten des Herzens, Arbor 1991

Kornfield, Jack: Offen wie der Himmel, weit wie das Meer. Worte der Weisheit für Vergebung und Frieden, Kösel 2003

Lewis, Dennis: Das Tao des Atmens. Atem als Weg zu Gesundheit und innerem Wachstum, Rowohlt 1999

Marriott, Susannah: 1001 Tipps zur Entspannung, DK Verlag 2008

Mello, de, Anthony: 365 Geschichten, die gut tun. Weisheit für jeden Tag, Herder 2006

Mello, de, Anthony: Eine Minute Weisheit, Herder 2001

Merzel, Dennis Genpo Roshi: Big Mind. Großer Geist – großes Herz, Aurum 2007

Middendorf, Ilse: Der erfahrbare Atem. Eine Atemlehre, Junfermann 1995

Nydahl, Lama Ole: Der Buddha und die Liebe, Droemer Knaur 2005

Osho: Liebe, Freiheit, Alleinsein, Goldmann Arkana 2002

Osho: Meditationsführer, Goldmann Arkana 2002

Piquemal, Michel: Philofabelhaft. 63 Fabeln aus aller Welt und ihre philosophische Bedeutung, Moses Verlag 2003

Pollak, Kay: Durch Begegnungen wachsen. Für mehr Achtsamkeit und Nähe im Umgang mit anderen, Südwest 2007

Quarch, Christoph: Die Erotik des Betens. Eine mystische Gebetsschule mit Mechtild von Magdeburg und Rumi, Kösel 2007

Rust, Serena und David Luczyn: Liebe, Lust & Lyrik. Eine erotische Blütenlese, Atmosphären Verlag 2004

Shapiro, Eddie und Debbie: Kleine Meditationsschule, Bauer Verlag 2001

Spezzano, Chuck: 50 Wege loszulassen und glücklich zu sein, via nova 2007

Spezzano, Chuck: Wenn es verletzt, ist es keine Liebe: Die Gesetzmäßigkeiten erfüllter Partnerschaft, via nova 2000

Thich Nhat Hanh: Das Wunder des bewussten Atmens, Theseus 2003

Tolle, Eckhart: JETZT! Die Kraft der Gegenwart: Ein Leitfaden zum spirituellen Erwachen, J. Kamphausen Verlag 2000

Tolle, Eckhart: Lebendige Beziehungen JETZT!: Aus «Jetzt! Die Kraft der Gegenwart», J. Kamphausen Verlag 2005

Vannsteenwegen, Alfons: Bevor die Liebe Alltag wird. Anregungen für eine gelungene Partnerschaft, Carl Auer Verlag. 2007

Zurhorst, Eva-Maria: Liebe dich selbst und es ist egal, wen du heiratest, Goldmann 2007

Wir danken für die Abdruckrechte aus:

Khalil Gibran, Der Prophet, Patmos 2006
Über die Liebe
   auf den Seiten 7 und 8

Über die Arbeit
   auf Seite 18

Über die Freundschaft
   auf den Seiten 75 und 130

Über die Autorin

Dr. phil. Katja Kaiser

studierte neuere deutsche Literatur (M.A.) und
Psychologie (Dr. phil.). Sie ist Verhaltenstherapeutin für
Erwachsene, Kinder und Jugendliche und Familientherapeutin.
Mehrere Jahre war sie in der Kinder- und Jugendpsychiatrie tätig.
Heute arbeitet sie als Psychologische Psychotherapeutin und
Yogalehrerin in eigener Praxis und integriert dabei
Spiritualität in ihre Tätigkeit.

Praxisanschrift
Dr. Katja Kaiser
Fritz-Baer-Str. 9
81476 München
info@katja-kaiser.de